跨文化视域下企业弹性工作制与工作—生活平衡关系的研究

马超 著

·郑州·

图书在版编目（CIP）数据

跨文化视域下企业弹性工作制与工作—生活平衡关系的研究／马超著. -- 郑州：河南大学出版社，2023.8
ISBN 978-7-5649-5600-4

Ⅰ.①跨... Ⅱ.①马... Ⅲ.①跨国公司-弹性工作时间制-研究②工作-关系-生活-研究 Ⅳ.①F245②B026③C913.3

中国国家版本馆CIP数据核字（2023）第169893号

跨文化视域下企业弹性工作制与工作—生活平衡关系的研究
KUAWENHUA SHIYUXIA QIYE TANXING GONGZUOZHI YU GONGZUO—SHENGHUO PINGHENG GUANJI DE YANJIU

责任编辑	马　博　王　珂
责任校对	时二凤
封面设计	翟淼淼

出　　版	河南大学出版社
	地址：郑州市郑东新区商务外环中华大厦2401号　邮编：450046
	电话：0371-86059701（营销部）　网址：http://hupress.henu.edu.cn
排　　版	河南大学出版社设计排版部
印　　刷	广东虎彩云印刷有限公司
版　　次	2023年8月第1版
印　　次	2023年8月第1次印刷
开　　本	787 mm×1092 mm　1/16
印　　张	12
字　　数	200千字
定　　价	36.00元

版权所有・侵权必究
本书如有印装质量问题，请与河南大学出版社营销部联系调换。

目 录

第一章 导论 ·· 1

第一节 研究背景和研究意义 ·· 1

一、研究背景 ·· 1

二、研究意义 ·· 3

第二节 研究思路与基本观点 ·· 5

一、研究思路 ·· 5

二、基本观点 ·· 7

第二章 文化与跨文化理论 ··· 8

第一节 文化理论 ··· 8

一、文化的定义 ·· 8

二、文化结构的表现形式 ·· 11

第二节 跨文化理论 ··· 20

一、霍夫斯泰德跨文化理论 ·· 21

二、全球文化维度项目团队跨文化理论 ························ 41

三、施瓦茨的价值观维度 ·· 72

四、跨文化理论相似性和差异性 ···································· 77

第三章　弹性工作制与工作生活平衡理论分析 ··············· 83

第一节　弹性工作制 ·································· 83
一、弹性工作制概念的界定 ························· 83
二、弹性工作的发展史 ····························· 89

第二节　工作—生活平衡关系 ·························· 94
一、工作—生活平衡理论 ··························· 94
二、工作—生活平衡理论的发展史 ··················· 96

第三节　弹性工作制与工作—生活平衡相关实证研究 ······ 98
一、弹性工作制中雇主与员工关系 ··················· 98
二、弹性工作制中员工的工作—生活平衡关系 ········ 101
三、实证案例 ···································· 111

第四章　跨文化视域下企业弹性工作制与工作—生活平衡关系 ··············· 126

第一节　研究模型 ··································· 126

第二节　理论视角及研究假设 ························· 127
一、理论构建 ···································· 127
二、研究假设 ···································· 130

第三节　研究数据及方法 ····························· 141
一、研究数据及样本 ······························ 141
二、研究方法 ···································· 144

第四节　模型结果及分析 ····························· 146
一、描述性分析 ·································· 146
二、实证分析模型结果 ···························· 148

第五章 结论 ··· 156
第一节 跨文化价值观与企业使用弹性工作制之间的关系 ··· 156
第二节 跨文化实践行为对企业使用弹性工作制的影响 ··· 158
第三节 跨文化价值观与实践对企业使用弹性工作制与员工工作—生活的平衡调节作用 ··· 159

第六章 讨论 ··· 162
第一节 主要创新点 ··· 162
第二节 研究的不足 ··· 163
第三节 未来进一步的研究 ··· 164

致谢 ··· 166

参考文献 ··· 168

第一章 导论

第一节 研究背景和研究意义

一、研究背景

党的二十大报告明确指出,促进世界和平与发展,推动构建人类命运共同体。伴随着"世界一体化"发展进程,人类活动不再局限于当下,更多的人开始选择或已经选择在不同国家、不同文化地区工作与生活。在当今时代,经济全球化、信息技术的飞速发展和人才流动的便利性使得越来越多的企业和员工涉足国际交流和合作。随着全球范围内的商务活动日益频繁,跨国企业的崛起和发展成为世界经济的重要推动力。然而,跨国企业面临着各种复杂的挑战,例如,如何有效管理不同国家、不同文化背景的员工,以及如何满足员工在工作与生活平衡方面的需求。

在这一背景下,弹性工作制度作为一种灵活的工作安排方式,逐渐成为跨国企业吸引和留住优秀人才的重要手段之一。弹性工作制度是指允许员工在一定范围内自由选择工作时间、工作地点和工作方式的一种灵活安排。通过弹性工作制度,员工可以更好地平衡工作和生活,提高工作效率和工作满意度,从而更好地发挥个人潜力,同时该制度对企业的生产效率和员工忠诚度也起到了促进作用。对于跨国企业来说,不同社会文化背景的员工的需求和期望有所差异,弹性工作制度的灵活性正好能够满足不同员工的个性化需求。例如,在一些亚洲国家,普遍重视家庭观念,员工可能更加关注家庭生活,而弹性工作制度赋予员工更多自主权,使他们能够更好地照顾家庭。通过灵活选择的工作时间和地点,员工可以更好地平衡工作与家庭生活,从而提高生活质量和工作满意度。同时,企业的关怀和理解也体现在对员工家庭生活的尊重上,这有助于增强员工对企业的归属感和忠诚度。在弹性工作制度的支持下,员工能够更好地兼顾家庭和工作,实现家庭和职业生涯的双赢。而在一些欧洲国家,工作—生活平衡被视为一种重要的生活目标,弹性工作制度为员工提供了更多自主决策的权利,让他们能够更好地规划工作和生活。

弹性工作制度的实施对员工的工作效率和工作满意度也有积极的影响。通过给予员工更多的自主权和选择权,使其可以更好地管理自己的工作时间和工作方式,减少不必要的压力和焦虑,从而提高工作效率。此外,弹性工作制度还能增强员工对企业的忠诚度和归属感。当企业重视员工的工作—生活平衡,并为员工提供灵活的工作安排时,员工更能感受到企业的关心和尊重,从而更加愿意为企业的发展贡献自己的力量。

然而,要在不同国家和文化背景下成功实施弹性工作制度并维持员工工作—生活平衡并非易事。不同国家和地区拥有各自独特的文化传统和社会价值观,这直接影响到员工对工作和生活的看法和态度。企业在实施弹性工作制度时需要充分考虑到这些文化差异,并在制定制度时进行合理调整。此外,员工的习惯和期望也会因文化差异而有所不同。企业应该重视员工的反馈和需求,充分了解他们的工作习惯和生活方式,以便制定更符合员工需求的弹性工作制度。

忽视文化差异可能导致企业在实施弹性工作制度时遇到困难,甚至招致损失。如果企业过度推行弹性工作制度,而忽视了员工文化背景的差异,就可能导致员工不适应新的工作模式,影响工作效率和团队协作。另外,在弹性工作制度下,员工可能会面临更多自主权的选择和自我管理的要求,如果员工在这方面缺乏经验和意愿,也会导致工作效率下降进而产生更多的工作压力。

在这种情况下,跨文化视域下企业弹性工作制与工作—生活平衡关系的研究变得尤为重要。跨文化视角强调不同文化背景对个体行为和组织管理的影响,旨在理解和解决由文化差异引起的问题。通过跨文化研究,可以深入探讨不同社会文化背景的员工对弹性工作制度的接受程度、对工作—生活平衡关系的感受和需求,以及不同文化背景对弹性工作制度实施的影响。跨国企业在实施弹性工作制度时,需要充分认识到文化的差异及其重要性,要重视不同社会文化背景下员工的价值观和期望,确保制度的合理性和适应性。在设计和实施弹性工作制度时,企业可以通过深入研究和实践,了解并应对不同国家文化差异带来的挑战,合理调整和优化弹性工作制度,以提高员工工作—生活平衡水平,增强员工满意度和忠诚度,从而在全球范围内吸引和留住优秀人才,推动企业的稳健发展。同时,跨国企业在实施弹性工作制度时,也需要加强员工培训和文化融合,促进文化多样性的相互尊重和包容,以便让员工更好地适应和接受新的工作模式,实现工作—生活平衡发展的目标。

在全球化背景下,跨国企业需要面对各种文化挑战,而弹性工作制度作为企业组织管理员工的重要手段之一,在不同文化背景下的实施和效果更加值得深入研究。通过跨文化视角下的研究,可以帮助企业更好地理解和应对不同国家文化带来的影响,合理调整和优化弹性工作制度,以提高员工工作—生活平衡水平,增强员工满意度和忠诚度,从而推动企业在全球市场中的稳健发展。此外,跨文化视角下的研究也将为我国企业在员工管理和组织文化研究领域提供新的理论视野和实践路径,为中国企业在国际化发展中赢得更多优势和竞争力提供重要支持。

二、研究意义

(一)理论意义

目前,虽然已有许多关于社会文化价值观对组织实践影响的研究,比如个人绩效评估体系、奖励制度和组织培训等方面,但在涉及不同社会背景文化与弹性工作制使用的国际性研究方面相对较少。大部分研究还局限于单一社会文化的背景下进行,缺乏对多个社会文化背景下灵活工作制使用的综合性研究。

因此,本次研究首先根据跨文化调查项目(The GLOBE research project)的两个文化维度,即社会集体主义价值观和群体内集体主义价值观,对9个国家的员工采用灵活工作安排的有效性进行了详细研究。通过比较不同国家的文化背景，我们可以更全面地了解不同文化对弹性工作制度的接受程度和实施效果的影响。

其次，社会文化可分为社会文化价值观和社会文化实践两个层面，而文化价值观和实践两者又密不可分。虽然已有许多关于价值观与组织实践的研究，但关于国家文化实践对组织实践的研究还相对缺乏，少有深入的理论实证研究。本次研究致力于通过研究国家文化实践对组织实践（员工采用灵活工作安排）的影响，以增加对这个领域的认识，并加强理论实证研究。

最后，众多学者已经证实采用使用灵活工作安排可以有效缓解员工工作与生活之间的冲突，促进员工工作与生活的平衡。然而，员工灵活工作安排的有效性取决于社会文化，关于社会文化对使用灵活工作安排与工作家庭平衡之间关系的调节影响的研究还较为有限，也缺乏深层次的实证研究分析。因此，本次研究旨在进一步探索社会文化背景对组织采用灵活工作安排和员工工作生活平衡之间关系的调节作用，以丰富社会文化背景对员工采用灵活工作制的可行性研究。

(二) 实际意义

党的二十大报告明确指出，促进世界和平与发展，推动构建人类命运共同体。伴随着"世界一体化"发展进程，人类活动不再局限于当下，更多的人开始选择或已经选择在不同国家、不同文化地区工作与生活。在多文化视域下，为吸引更多的人才，满足员工工作与生活管理的需求，很多企业采用弹性工作制给予员工提供工作方式的便利条件，但在很多情况下，由于忽视了文化差异，反而给公司在实施弹性工作制时带来了巨大的损失。本研究试图利用跨文化领域的研究成果对企业采用弹性工作制与员工工作生活管理之间关系的影响进行一些尝试和探索，以文化为着眼点，运用经过反复检验的跨文化理论去探索企业使用弹性工作制之后对员工工作生活管理之间关系的影响，以推动我国在这一领域的深入研究，同时帮助中国企业在全球市场提高跨文化员工管理水平，助推中国企业的国际化发展。

探索文化对弹性工作制实施的影响，有助于企业更好地理解员工的文化差异，为员工提供更贴心的工作安排和支持，从而增加员工对企业的认同感和忠诚度。文化因素在跨国员工管理中起着至关重要的作用，因为不同文化背景下的员工可能对企业组织采用弹性工作制的态度和接受程度存在差异。通过了解和尊重不同文化的习惯和需求,企业可以营造更加融洽的工作氛围,增进团队合作,促进员工的个人成长与发展。

此外,本次研究也有助于推动我国在跨文化员工管理领域的深入研究。随着中国企业走向国际舞台,跨文化员工管理能力将成为一个关键的竞争优势。通过运用跨文化理论,研究企业在采用弹性工作制后对员工工作生活管理之间的关系,将有助于拓展跨文化管理的知识边界,提升我国企业在全球市场的竞争力和影响力。

总体而言,本次研究将结合跨文化研究的成果,探讨不同国家文化背景下实施弹性工作制度的优势与挑战,同时关注文化差异对弹性工作制度实施的调节作用。通过实证研究和案例分析,为跨国企业提供有益的指导和建议,帮助企业更好地理解和应对不同国家的社会文化带来的影响,以优化员工管理策略,提高员工工作—生活平衡,增强员工满意度和忠诚度,从而推动企业在全球市场中的稳健发展。同时,本次研究也将为我国在员工管理和组织文化研究领域提供新的理论视野和实践路径,为中国企业的国际化发展提供重要支持和借鉴。

第二节　研究思路与基本观点

一、研究思路

当前世界正经历百年未有之大变局,经济全球化使跨国企业得到了空前的发展,这使得各国企业在招聘和管理员工时需要考虑不同国家的文化差异。在吸引更多人才、适应员工工作-家庭平衡需求的背景下,弹性工作制成为跨国企业的一种重要选择。然而,由于文化差异的存在,企业在实施弹性工作制度时可能会忽视各国文化带来的影响,从而导致不必要的损失。因此,本书旨在运用跨文化领域的研究,探索企业采用弹性工作制与员工工作—生活平衡之间的关系,并关注不同国家文化对这种关系的调节作用。

通过深入研究,本书希望能够为跨国企业提供有益的指导和建议,帮助企业更好地理解并应对不同国家的社会文化带来的挑战，从而更有效地实施弹性工作制度，提高员工工作满意度和生活质量。此外，本研究也意在推动我国在跨文化员工管理领域的深入研究，为中国企业在国际化发展中提供重要的借鉴和支持，增强其在全球市场的竞争力和影响力。

总体而言，本书研究思路紧密关联了世界变局、跨国企业发展、员工工作—生活平衡和文化差异等重要议题，具有重要的理论和实践意义。通过跨文化领域的研究，本书有望为企业提供有益的启示，为我国在这一领域的深入研究和发展做出贡献。

按照上面的研究思路，本书包含六章节内容。

第一章重点介绍本书的研究背景和研究意义，确定研究范围和主要观点，构建了研究框架和结构安排，为读者提供本书的整体概述。

第二章为研究理论基础部分，介绍跨文化研究的类型及层次，并详细阐述文化比较维度理论，如霍夫斯泰德的文化五维度理论、豪斯领导的全球项目团队的文化九个文化维度理论，以及施瓦茨的价值观研究理论，为研究提供了重要的理论支持。

第三章则深入探讨弹性工作制与工作—生活平衡关系的相关理论背景，指出弹性工作制对工作—生活平衡的重要影响，为后续相关实证研究提供了理论基础。

第四章为本书的重点，构建了跨文化价值观和实践、弹性工作制和工作-家庭平衡三类变量之间的推理模型，并介绍使用的三种数据库的信息收集方法和实证研究的分析原理和方法。

第五章是研究结论部分，总结了跨文化价值观与企业使用弹性工作制、跨文化实践行为对企业采用弹性工作制的影响以及跨文化价值观与实践行为对企业采用弹性工作制与员工工作—生活平衡关系的调节作用。

第六章作为研究讨论部分，突出了本书的主要创新点和研究的局限性，并提出了未来进一步研究的方向，为读者提供了深入思考的空间。

整体来说，本书章节安排结构合理，内容丰富，涵盖了跨文化视角下弹性工作制与员工工作—生活平衡关系的多个方面，具有重要的研究价值和实践意义。希望本书的研究成果能够为跨国企业提供有益的指导,并推动我国在这一领域的深入研究和发展。

二、基本观点

本书的主要观点是从跨文化视角出发,探索弹性工作制度在不同国家和文化背景下对员工工作—生活平衡关系的影响。在全球化时代,跨国企业面临着吸引和留住优秀人才的挑战,而弹性工作制度作为员工管理的一项重要手段,被越来越多的企业采用以提高员工的满意度和忠诚度。

然而,不同国家的社会文化背景下的员工有着不同的价值观、习惯和期望,对工作和生活的看法和态度存在差异,忽视了文化差异可能导致企业在实施弹性工作制度时遭遇困难和损失,甚至引发员工不满和流失。因此,本书的主要观点是弹性工作制度的实施需要考虑不同国家文化对员工工作—生活平衡的影响。

通过深入研究不同国家的社会文化背景下员工对弹性工作制度的接受程度、对工作—生活平衡的感受和需求,以及不同文化背景对弹性工作制度实施的影响,为跨国企业提供有益的指导和建议。在理解和应对不同国家文化带来的影响的基础上,合理调整和优化弹性工作制度,以提高员工工作—生活平衡,增强员工满意度和忠诚度,从而推动企业在全球市场中的稳健发展。

本书将结合跨文化研究的成果和弹性工作制度与员工工作—生活平衡的相关理论,通过实证研究和案例分析,探索不同国家和文化背景下弹性工作制度的优势与挑战。同时,本书也将关注文化差异对弹性工作制度实施的调节作用,以期为企业提供更加全面和有效的管理策略。最终,我们希望为中国企业在国际化发展中赢得更多优势和竞争力提供重要支持,推动我国在跨文化员工管理领域的深入研究,为跨国企业的可持续发展做出贡献。

第二章 文化与跨文化理论

第一节 文化理论

一、文化的定义

文化源于人类社会发展文明,经过长期历史的演变与沉淀,传统思想与现代理念被引入到人类社会活动之中。文化对于我们既陌生又熟悉,在日常生活与工作中是经常被聊起的话题,也是我们常常说不清也道不明的复杂理论。文化作为人类社会发展文明的符号系统,详细地描述了一个群体或社会生活方式的意义和行为系统,是人类对社会行为的认知与人类在社会实践中的活动,它是一切行为实践的结果。

文化的定义十分广泛,它的定义正如文化本身一词一样,历史悠久耐人寻味。一直以来,社会学、管理学、哲学、经济学、心理学等诸多领域的学者们试图赋予文化一个准确的定义,从而给后续研究者们对文化的认识、理解及运用提供更好的便利条件。纵观所有对文化的定义,大体可分为两类:一类是狭义的文化认知,即精神文化;另一类是广义的文化,即精神文化与物质文化的结合。在本章里,笔者将介绍一些著名学者对两大类文化的定义,随即提出个人对文化的理解。

所谓狭义文化的定义,最早来自于英国著名人类学家泰勒(Tylor)。他在1871年发表的《原始文化》一书中提出了一个全新的定义,即狭义文化。他认为,文化是一个复杂的系统，由知识、信仰、艺术、道德、法律、习俗以及社会成员所拥有的其他能力和习惯组成。美国文化大师哈利·蔡安迪斯（Harry Triandis，1994）认为，文化不仅仅是一种假设，而是一种普遍接受的标准运作程序和行为方式，它可以被大多数人所理解和接受。文化不仅是人们对内在价值观的认可，它还包括了日常生活中的行为习惯和行为准则。在这个定义里，文化除了人们对内在的价值观的认同，还包含了日常的行为方式。另一位学者强皮纳斯（Trompenaars），在1933年与1988年《文化踏浪》一书中提到，文化不仅仅是一套完整的价值观体系，还包含了一个群体为解决某一问题与缓解某一困境所采取的相应的方法与途径。霍夫斯泰德（Hofstede）于1980年将文化比喻为"人类心里的软件"，认为文化最终是人类某一集群的现象，同时也是被现在或过去生活在共同社会中的人类集群所共享的价值观理念。人类社会学家雷德菲尔德（1948）认为文化是某一群体的共同认识和理解产生的行为艺术，这与豪斯（House，1999）全球研究项目-全球领导力和组织行为有效性中对文化定义是一致的，该项目中认为文化是一个群体中具有相同的可遗传性价值观和社会实践活动的解释。实践活动是行为或"在这种文化中的做事方式"，而价值观是人工制品，是人为制作，在这种情况下是对人的行为"应该采取的方式"的一种判断。国内大部分学者认为文化是人类社会行为及生活方式的结合体，包括心理、信仰、理念、价值观、行为活动方式以及社会规范与道德。

对于广义文化的研究，美国人类学家赫斯科维茨（Herskovits），在1955年《文化人类学》一书中提出了较为广义的概念，他认为文化是由人类在社会中创造出的一切环境产物，也就是说，除去原生态本身所固有的环境，一切由人类创造所赋予的社会的环境都被称为文化。人类学家另一位代表人物是马林诺斯基（Bronislaw Malinowski），他在2002年著写的《文化论》里提到，"所谓的文化包含三个方面，社会、物质和精神，是相对于物质、科技、信仰、理念、价值观和行为习惯而表述的"。[①] 也就是说，由物品或器具、技术、行为习惯以及群体价值观所构成的文化的概念，把其他学者研究的文化元素，统称为"文化特质"，这些文化特质被一根特殊的绳索串联起来，这个特殊的绳索就是"社会文化制度"。他在新版

[①] 马林诺斯基：《文化论》，费孝通译，华夏出版社，2002，第11-14页。

《文化论》中,提倡应该把文化作为人类社会活动的整体行为,而不是作为一个单独的个体行为。他认为文化特质可以是独立元素,比如社会民俗、对某个对象固定的称呼,也可以是一件电子产品,甚至是一门技术。但这些文化特质不能单独产生效用,需要在特定环境下,将它们组合在一起有目标地进行活动才能发生效用,而这个特定环境下有目标的活动就是社会文化制度。

国内学者对于广义的文化也提出了独到的见解,费孝通教授在2005年出版的《论文化与文化自觉》里提到,文化是精神与物质文化的结合,物质文化是人类为了社会发展进步构建的所有人为的环境,如房屋、桥梁、园林、交通运输工具、交流方式等。但这些外在人为环境,如果失去内在精神文化,那就好比一潭死水,没有了生命的价值。而这些精神文化的源泉正来自于知识的学习、道德自修、法律规范等方面。① 陈晓平(2016)认为,文化是某一群体共同分享的物质和精神财富,从广义层面上来看文化概念分为两类:一类是显性文化,是由人类在社会活动中创造的硬件文化所构成,例如建筑、桥梁、交通工具、生活用品等这些可以触摸得到的环境产物,被学者们定义为客观文化;另一类则是与之相反的隐性文化,例如人类精神文明社会中塑造的理想信念、宗教信仰、民族信仰等无法触摸得到,对人类的社会活动行为有约束力的精神文明环境,被定义为主观文化。

主观文化的代表学者霍夫斯泰德教授,他认为文化最终是人类某一集群的现象,在1990年出版的《文化与组织-心灵软件力量》一书中提出文化是被现在或过去生活在共同社会中的人类集群所共享的价值观理念。文化并不是与生俱来的,而是后天人类在社会活动中学习到的,并且将所习得的文化特征代代相传,具有广泛的遗传性。之所以表述为遗传性,是因为很多学者不知道如何去解释在不同文化下的人类集群之间具有相对稳定的差异性。霍夫斯泰德总结了文化具备的5种共同特征:①文化是通过学习习得的;②文化具备共享性;③文化有遗传性;④文化具有代表意义;⑤文化是复杂的综合体。

以上是我们对众多学者关于文化基本理论的回顾与总结,而本书对文化的理解为,文化是人类社会发展文明,经过长期历史的演变与沉淀下来的物质文明和精神文明。因此,文化包括自然科学技术、语言文字等非意识形态方面,也包括世

---

① 费孝通:《论文化与文化自觉》,北京群言出版社,2005,第370页。

界观、哲学、个人价值观等意识形态方面。它应该具备以下几个特点：

第一，文化是象征某些社会环境的符号，具有代表意义。

第二，文化是通过后天习得的，并可以与同样的人类群体共同分享的。

第三，客观文化与主观文化对人类社会活动会产生不同程度的影响。

第四，文化在社会长期稳定情况下可以代代相传，具有较强的遗传性。

二、文化结构的表现形式

文化结构的表现形式有很多种，文化结构的模型是由各种不同的文化层次因素所组成的，每一层文化因素都有其特殊的含义。在过去的研究中，有的将文化的结构比作一个洋葱，有的将其比作一座冰山。下面我们重点介绍下这两种文化的表现模式。

跨文化研究领域的著名荷兰学者吉尔特-霍夫斯泰德，在《文化与组织：心灵软件力量》一书中简明扼要地概括了文化的整体概念，将符号、英雄、仪式、价值观四个词构成一个洋葱图，形象地表现出文化的层次模型。符号代表最外层的洋葱皮，价值观是文化最深层、最核心的表现形式，英雄、仪式则介于表层和深层两者之间。

（一）符号

在我们的日常生活中，符号普遍被认为是一种具有代表意义的象征体，用来指称其他一些事物，也是一种人类活动中语言、交际、沟通和传递信息的载体，例如我们生活中的交通标志、文字、艺术、神话等标志性载体，它具有抽象性、普遍性、多变性的特征。德国哲学家卡西尔认为符号作为指称对象的形式，它具有塑造人性和创造人类社会文化的作用。在同样的认知体系之中，符号的象征意义不仅可以指代一些图形、图片、信号，也可以代表一种艺术品、建筑物，甚至可以是一种思想文化、一个时代的体现。

例如，北京故宫，我们将它作为我国历史和文化中皇权文化的代表进行了阐述。李诫在《营造法式》中用雄伟的词句来形容故宫的设计和布局，强调其与自然、天地的融合以及统治权威的象征，充分展现了其宏伟和特殊的意义。故宫是中国明清两代皇帝的宫殿，位于北京中心地带，是世界上现存最大、保存最完整的木质结构宫殿建筑。它不仅是建筑艺术的杰作,更是中国历史文化的重要象征之一。

通过故宫的规划设计,我们可以看到中国古代建筑文化与皇权文化的完美结合。故宫以其独特的布局、宏大的气势和庄严的形象,体现了中国明清历代皇权的权威和尊贵。同时,它也是中国古代建筑文化的杰出代表,展现了古代建筑师的智慧和技艺。

这些抽象而具体的词句符号,正是对故宫这一宏伟建筑的恰如其分的描述。它们将故宫的设计思路和宏大视野表现得淋漓尽致,使其成为中国古代建筑和皇权文化的象征,也体现了中国古代文明的博大精深。

与我国有着不同文化的美国,自由女神像(Statue of Liberty)是美国的标志性雕塑,位于纽约港口的自由岛上,于1886年由法国赠送给美国。它不仅是美国的象征,也是自由和民主的象征,吸引着成千上万的游客前来参观。

这座雕塑的设计师是法国雕塑家弗雷德里克·奥吉斯特·巴托尔迪,它的建造旨在纪念美国独立百年(1776年-1876年)和法美两国的友谊。自由女神像的形象是一位女性,她高举着象征自由的火炬,左手持代表《美国独立宣言》的书板,象征着美国的价值观和立国之本。她脚下散落着断裂的锁链,象征着她的脚步踏破了压迫和枷锁,而另一只脚抬起则表示她在迎接自由和进步的未来。这座雕塑不仅是建筑和艺术的杰作,更是一个象征性的符号。它代表了美国人民对自由、平等和人权的追求和信念。

霍夫斯泰德认为新的符号很容易产生,而旧的符号在社会发展中会逐渐地消失,最后被新的符号所代替。符号不仅包括语言、文字、手势和物体,还包含人类日常行为的发型、服饰、旗帜以及个人的地位象征。一个文化群体所产生的符号很容易被共同文化的另一个群体所复制和共享。例如,在每届的亚太峰会(APEC)上,出席的各国领导人都会身着东道国的特色服装,并拍摄全家福。2004年在智利举行的亚太峰会,智利推出的民族服装是传统的套头披肩"查曼多"。据说,这种服装源自智利的"牛仔披风",每件衣服需要巧妇连续工作四个月时间才能做成。2005年的亚太峰会在韩国釜山举行,韩式大裾"图鲁马吉"是参与此届峰会领袖的服装。2006年,各国首脑在越南首都河内身着越南传统长衫"奥黛"("ao-dai")参加亚太峰会。2014年在北京,各国领导人出席国家游泳中心"水立方"举行的亚太峰会领导人欢迎宴会。各国领导人所穿服装是一系列展示中国人新形象的中式服装,其根为中,魂为礼,形为新,称为"新中装"。该服装用"海水江崖纹"的设计,赋予"新中装"21个经济体山水相依、守望相护的寓意。全球各国的传统服装文化作为国家的文化象征符号在不断地交流与互信合作过程中传递,与此同时也推动"构建人类命运共同体"这一崭新的文化符号的创新与发展。

（二）英雄

英雄一词,在霍夫斯泰德的洋葱模型中位于符号与仪式中间,对于价值观体现具有重要的意义。英雄是一些人,过去有,现在有,未来也会有,他们是人类社会所能接受的价值观和思想理念诞生的并具有代表性群体,他们可以是真实的,也可以是虚幻的,但无论真实与否,他们是民族的脊梁,是灯塔,点亮了世界的每一个角落。英雄也是自我比较理想化的表现,是一种至高无上的荣誉,是可以被人类歌颂并给予肯定价值的。他们为了社会公共利益而肩负着重要的责任,承担着常人难以接受的风险,使社会秩序更加合理化、规范化,促进社会稳步发展。

英雄是真实的,崇拜英雄是人性的体现,不同时期、不同的文化、不同的民族也会塑造出不同的英雄形象。自古以来,我国英雄出少年。西汉时期,未满18岁的霍去病,凭借一腔热血,带领八百骑兵长途奔袭,抗击匈奴来犯之敌,首战告捷,歼灭敌人两千余人,一代少年英雄横空出世。李世民在17岁时,已文武兼备,奔赴战场披荆斩棘,所向披靡,为唐朝盛世立下汗马功劳,被誉为盛唐第一猛将、第一才子、第一少年英雄。唐代著名诗人、文学家王勃,13岁便写出《滕王阁序》经典之作,历久弥新,流芳百世。

中国英雄儿女各有千秋,在当代社会中也涌现出很多英雄模范先锋。著名科学家杂交水稻之父袁隆平老先生,倾尽毕生所学,多次带领团队亲临农田实践,最终研发出杂交水稻,解决了中国十几亿人口的粮食短缺问题,可谓我们的民族英雄。2003年,杨利伟乘坐长征二号火箭运载的神舟五号飞船首次进入太空,使得我国成为世界上第三个掌握载人航天技术的国家,杨利伟也成为中国人民的骄傲、中华民族的英雄。从2014年抗击埃博拉病毒的"中国妈妈"陈薇到发现治疗疟疾速效药物青蒿素的诺贝尔生理学或医学奖获得者屠呦呦,再到2008年抗击非典和2019年肺炎疫情的"共和国勋章"获得者钟南山院士、李兰娟院士,他们不仅是中国英雄,还是全世界人民的英雄。这些英雄和模范先锋们的事迹激励着人们勇往直前,为国家和人民的利益不懈奋斗。他们展现出中国人民无畏的精神和为人类进步做出贡献的使命感。他们的伟大事迹将激励着更多的人投身于科学研究、医学防疫和其他社会事业,为构建更美好的社会和世界贡献力量。

英雄也可以是虚构的,英国著名的思想家、文学家托马斯·卡莱尔认为英雄可以分为六类,分别是神明、帝王、先知、教士、文人及诗人。中国古典英雄观蕴藏着忧国忧民、锄强扶弱、劫富济贫、关爱人民之疾苦的价值观,这种价值观本书认为是美德。例如,大禹作为中国古神话里的英雄,在乌龟和黄龙的帮助下成功治理黄河,开辟中国第一个王朝夏朝,标志了中华文明的起源。又如后羿射日、女娲补天、精卫填海、夸父逐日等神话塑造出的英雄人物,这种崇尚真、善、美的价值观与西方的神话故事也有些相同,而在西方文化中,英雄主义往往强调个人的英勇和无畏,美国的超级英雄如超人、蜘蛛侠、蝙蝠侠等,成为代表美国文化中英雄主义的典型形象。这些英雄形象在荧屏和漫画中的展现,吸引了全球观众,传递着勇敢正义、保护他人的价值观。这意味着,在荧屏时代下,虚构英雄的外在形象变得比之前更为重要了,对于美国受众群体,这具有独特的精神价值。

不同文化中对英雄的塑造和崇尚,反映了各自文化的独特性和价值观。然而,无论是中国古典英雄观还是西方英雄主义,他们都在人们心中传递着积极向上的精神价值,激励着人们为社会进步和共同利益而努力。时势创造英雄,英雄造就时势。秉承不同的国家、不同的文化、不同的民族的正确价值观文化,在当今时代,借助先进的传播媒体和技术,这些英雄故事得以更广泛地传播,影响着更多的人,塑造着世界共同的文化价值观。

(三)仪式

从文化层次洋葱模型我们可以明显看到,仪式是最接近价值观的一层实践活动,这类实践行为被霍夫斯泰德认为是具有共同文化特征的人们的一种集体性活动。从技术层面来讲,集体性的活动没有明确的要达到的预期目标,但从文化层面去分析,仪式是人类社会活动中不可或缺的一部分,它的存在反映出人类社会文化活动的发展与进步。在不同的国家、不同的民族、不同的文化集群中,已形成各自独特的仪式形式。仪式可以是我们日常交流的语言方式、口头表达以及书面汇报;仪式也可以是社会规范,包括我们日常问候他人的方式、正式场合中身着的服装、不同文化之间商务谈判的礼仪、向他人表示尊重的方式,甚至也可以是世界各国的议会和宗教庆典。

另外,礼仪文化是人类文明社会长期发展演变沉淀下来的一种文化,它可能对人类的社会行为具有一定约束性、指导性和支配性。不同民族、不同的集群有着不同的文化,但礼仪文化在世界交流合作中仍然具有一定共通性,并且在不同的文化背景下,礼仪形式也表现出了不同的文化内涵。中国社会与西方社会虽然礼仪不同,但其都源于历史遗留下来的社会规范与制度。

礼仪文化在中国有着悠久的历史,早在春秋时期孔子就对礼仪文化进行了深入的研究和弘扬。孔子的学说强调了人们应当学习和遵循礼仪来确立自己的立场和身份,同时也要遵循礼仪来维护社会秩序和和谐。孔子的学生孟子继承并发展了孔子的仁政学说,他认为人性本善,而通过学习和遵守礼仪可以让人的善性得到发扬。之后荀子和董仲舒等学者继续对礼仪文化进行研究和发展,形成了我国早期的礼仪文化学术思想,制定了一系列社会规范准则,用以规范人们的社会行为。

在中国传统文化中,尊卑有序、注重礼仪仪式是非常重要的价值观和行为准则。在与人见面时,尊重对方的年龄、社会地位和场合是中国礼仪文化的重要表现。年长者在中国文化中被视为长辈,对长辈要尊敬有加,使用尊称表达对长辈的尊重是常见的礼节。对上级领导也是如此,使用尊称表达对上级领导的尊重是中国传统礼仪的重要组成部分。

另外,中国礼仪文化也强调在与领导交往中避免直接反驳和发表个人看法,尊重领导的权威和意见,以维护组织的团结和稳定。学生在课堂上也要尊重教师的权威,不可随意打断教师的讲话,表现出对教师的尊重和敬重。

这种尊卑有序、注重礼仪仪式的价值观,强调个体与集体的和谐共融,体现了中国古代社会的集体主义思想。通过遵循礼仪规范,人们在社会交往中体现出对他人的尊重和关心,有利于维护社会稳定和民族团结。礼仪文化在中国社会一直发挥着重要作用,它不仅是一种社会规范,更是一种传统价值观和文化传承。在现代社会,尽管礼仪文化也受到了一定程度的冲击,但中国人民对礼仪文化的尊重和传承依然根深蒂固,礼仪仍然在日常生活中得到体现。同时我们也应该注意,随着时代的变迁,礼仪文化也需要与现代社会相适应,保留精髓,赋予其新的内涵,以适应当代社会的发展和需求。

虽然现代社会发生了许多变化,但中国的礼仪文化依然对人们的日常生活和社会行为产生着影响。尊重他人、注重礼仪的价值观仍然被重视和传承,它是中国传统文化中的重要组成部分,也是构建和谐社会、维护社会稳定的重要力量。

西方社会与我们国家的价值理念虽都源于历史遗留下来的社会规范与制度,但也有不同之处,西方提倡个人主义,以个人主义为出发点,强调个体独立和自由。西方的礼仪是维护上层贵族和百姓之间和平的社会准则,体现在人们的言谈、行为举止、着装和社会礼仪等方面。

据相关文献统计,早在文艺复兴时期,欧洲人文主义学者提倡个人自由平等,赞扬个人的价值观,主张个人尊严。因此人们对尊卑贵贱早已没有界线之分。例如,在西方的问候语中,普遍称对方为先生(Mr.)、太太或夫人(Mrs.)、小姐(Miss),而很少考虑对方的职业或职务的称谓。在工作、会议和课堂等场合,人们通常可以随时提出自己的看法和意见,不用担心被认为这是对领导或教师不尊重的行为。

综上所述,不同的国家、不同的民族对不同的文化价值有着不同的诠释,价值观表层的仪式文化在根源上有些共同之处,都源于历史遗留下来的社会规范与制度,但在人类社会实践中,也存在很大的差异性。在跨文化交流合作当中,我们可以更深入地了解其中的互通性,以加强沟通,促进世界不同民族间的互相认同。跨文化交流合作是促进世界和平与繁荣的重要途径。通过相互学习、借鉴和合作,不同文化之间可以实现更加深入的互通互融,增进了解与认同,为构建人类命运共同体奠定坚实基础。

(四)价值观

价值观是文化的核心构成部分,是一个较为广义的概念,霍夫斯泰德认为价值观是一个群体表现对某种事物更加喜爱的一种状态。这种状态带有情感指向

性,可分为正反两面。它包括以下内容:
- 人类的善良与邪恶
- 人类的美丽与丑恶
- 人类的卫生与脏乱
- 人类的高雅与低俗
- 人类的正常与反常
- 人类的和谐与矛盾
- 人类的合理与荒谬
- 人类的自然与拘束
- 人类的安全与危险
- 人类的高尚与低下
- 人类的许可与禁止

陈晓萍教授在《跨文化管理》中提到价值观是区别于社会规范的,它与社会规范性行为的合理性不同。她认为,价值观是一个集体对"正确"的事情、"错误"的事情、"美丽"的事情、"丑恶"的事情的共同的辨别意识。例如,诚实的行为是正确的,虚伪的行为是错误的,舍己为人、无私奉献是美丽的事情,损人利己、假公济私是丑恶的事情(陈晓萍,2009)。

价值观与社会规范性的不同之处在于,某些情况下大部分人认为合理的行为不一定就是"正确"的事情。例如,自古以来就有无酒不成席之说,很多人不胜酒力,甚至酒精过敏,但为了面子、兄弟义气,虚伪地喝下一杯又一杯,有人甚至还因为饮酒过度失去了性命,这种行为显然是不对的,却被大部人默默接受,认同其合理性。

人类价值观的形成过程是从我们出生那一刻开始的,在成长过程中,我们可以最大限度地迅速搜集身边环境的信息,包括符号(如语言沟通)、英雄(如我们的父母)、仪式(如生日宴会)和我们的价值观。

我们的价值观在生命的早期就已经开始形成,受到家庭成长环境和周围环境的深刻影响。家庭是我们成长的第一环境,家庭的温馨和谐或贫苦暴力,以及周围环境的安静嘈杂、干净整洁或脏乱等因素都在潜移默化地塑造着我们的价值观。

在童年时期,我们开始模仿父母的行为,并通过与他们的交流学习语言和行为规范。父母成为我们的榜样和英雄,每年的生日宴会也促进了我们对仪式感的认知和形成。进入学校后,我们接触到了更广泛的社会文化,学校的老师、同学、电视剧中的偶像以及现实中的民族英雄等,都成为我们新的学习对象。我们开始模仿和感受学习的乐趣,也体验到失败时的痛苦、成功时的喜悦等情感。随着成长和经历的增加,我们进入职场,并逐渐关注同龄人,逐渐融入到社会职场群体之中。在人际交往中,我们选择伴侣,组建家庭,也进入了新的生活。

所有这些经历和阶段都在潜移默化地影响着我们的价值观的形成。价值观是一种无形的"心灵软件",像空气一样无法感知和触摸,但它无形地支配着我们的行为活动。我们之所以采取某种行为方式,是因为我们的心灵感知认为这么做是正确的。这种心灵的软件是深藏在我们内心的,它源自我们早期的经历,对我们的思维方式和态度产生深远影响。虽然我们无法直接触摸到它,但它是我们行为的基石,指导着我们与世界的互动。

了解自己的价值观并审视其中的原因,有助于我们更好地认识自己,为人生的选择和发展提供指导。同时,我们也应该持开放心态,尊重他人的价值观,以促进社会和谐与共融。价值观的形成是一个复杂而渐进的过程,我们可以通过不断学习和成长,不断调整和完善自己的价值观,从而更好地适应不同的环境和挑战。

1.价值观与实践活动

随着人类社会文化不断发展,实践的表现形式也随之改变,而核心的价值观却很难改变。豪斯等人(House R et al., 2022)全球研究项目-全球领导力和组织行为有效性,将文化视为实践和价值观。实践活动是行为或"在这种文化中的做事方式",而价值观是人工制品,是人为制作,是对人的行为"应该采取的方式"的一种判断。全球研究人员通过实践活动和价值观来衡量不同层次的文化内容。霍夫斯泰德的文化洋葱图,将实践活动的表现形式描述为洋葱外层属性的符号(如语言沟通)、英雄(如我们的父母)、仪式(如生日宴会、礼仪形式)等,这些表现形式是显性的,我们可以在工作与生活中观察得到,但核心的价值观的部分变化却十分缓慢,是相对稳定的。

初到韩国时,笔者强烈地感受到身处异国他乡时的无助。一切都很陌生,首先是语言交流非常困难,当地人的英语口音很重,沟通成为一大挑战。此外,超市里的蔬菜和水果单个计价,而肉类产品比蔬果还要便宜,这是因为韩国人口较少,很多农作物都需要进口。韩国的饮食文化以泡菜、紫菜包饭为主,对笔者来说很不习惯。晚餐聚会之后,还有连续不断的深夜娱乐项目,与笔者在国内有规律的作息形成鲜明对比。在学校开学的第一天,笔者以为助教已经安排好了研究生的课程,但实际上是需要自己根据研究方向进行自由选择,这与国内大学每学期设定好的课程相异。

随着时间的推移,笔者逐渐适应了陌生的环境和文化。通过自学,本人能够运用韩语与当地人自由交流;接受了泡菜文化的饮食,并逐渐适应了蔬菜水果比肉类便宜的物价;也融入了当地的夜生活,开始享受聚餐文化。这些是笔者在异国他乡逐渐融入的表层文化,因为地域和时间的变化,笔者的实践活动也随之改变。然而,笔者的认知、个性以及对是非善恶的判断并没有改变,这说明笔者的价值观是根深蒂固的,且不易改变。

作为留学生,我们经历了在异国他乡逐渐适应的过程,不同的文化环境对我们的实践活动产生了影响。但我们的价值观始终是行为和思维的基础,随着时间的推移,我们可能会融入当地文化的表层特征,但价值观这一根本特点不会轻易改变。

价值观是反映社会意识形态的抽象概念:它是一种社会产物,不能仅仅理解为满足个人文化需求的财产属性。人既是文化价值的需求者,又是文化价值的承担者。人们创造文化需求和文化产品的能力本身也是一种文化价值,是最本质的文化价值。我们知道世界上有许多文化价值观,而这些价值观在国家之间是不同的。例如,亚洲人普遍注重礼仪、仪式和地位,相反,英国人、美国人、加拿大人、澳大利亚人、斯堪的纳维亚人则更注重直率(无视繁文缛节)和平等(无视地位)的重要性。文化价值观(如自由、安全、繁荣)告诉人们在各种情况下什么是合适的,文化价值观优先级则由社会制度(如教育、家庭、政治、经济、宗教制度)及其运作模式来表现。

文化表层的实践活动与深层的价值观让我们更直观、更容易地了解霍夫斯泰德学者的文化洋葱模型,正如前文中研究的一样,我们可以从两个方面来总结。一是从变的视角来看,表层的实践活动是通过符号(如语言沟通)、英雄(如我们的父母)、仪式(如生日宴会、礼仪形式)等文化表现形式慢慢地变化。随着经济全球化发展,世界各国加强了合作与交流,文化的表层实践活动随之变化,会逐步走向趋同的方向,中西方未来的表层文化实践活动的差异可能越来越小,最终实现全球的统一化。二是从不变的视角来分析。洋葱图中的深层文化价值观稳如磐石,随着文化的迁移,表层文化实践活动可能趋于相同,但价值观很难改变。又如另一种文化层次模型——冰山模型,也可以证实我们对价值观理论的分析。

冰山模型将文化分为两个部分,即浮出水面上的冰山与水下隐藏着的冰山。人类可以观察到浮出水面的冰山(只是冰山的一角),我们可以形象地将它比成人类的行为与态度的表现,对其产生重要影响的就是隐藏在水面以下的冰山部分,我们将它比喻为人类隐藏的价值观、信仰及基本假设等,这部分是无法被直接观察到的,需要人们用自己的心灵感悟与亲身体验才能感受得到核心文化的一部分。正如我们上述讨论中提到的两个文化模型理论,它们具有一定的相似性,也有很大的趋同性。在下一节中,我们将具体讲一讲跨文化的差异与相似性。

第二节 跨文化理论

文化是一个广义的概念,包含了物质文化、精神文化和社会文化。不同国家和民族之间存在显著的文化差异,这种差异反映了不同地区的文化背景(Adair et al., 2013)。当两个或多个群体在不同文化背景下相互交流和融合时,我们称之为跨文化或交叉式文化。在跨文化研究领域,有三种具有代表性的理论,其中包括霍夫斯泰德的跨文化理论、全球调查项目的文化理论以及施瓦茨的价值观理论。

这些理论有助于我们理解不同文化之间的差异和共性,进而探讨文化交流和融合的现象。霍夫斯泰德跨文化理论强调文化中个人主义与集体主义的区别,全球调查项目文化理论关注文化维度的多样性,而施瓦茨的价值观理论则探讨人们的价值观如何在不同文化中形成。这些理论对于促进文化多样性的认知和跨文化交流的理解非常重要。

一、霍夫斯泰德跨文化理论

心理学家霍夫斯泰德作为全球跨文化领域研究的代表人之一,在1980~1990年间,先后出版了《文化效应》与《文化与组织-心理软件力量》两本著名的跨文化研究代表作,得到国内外相关领域学者的认可,是目前跨文化领域研究中引用率比较高的著作。

从1967年到1973年,霍夫斯泰德有幸参加了跨文化研究项目,作为项目成员在著名的跨国公司IBM(国际商业机器公司)进行了一项大规模的文化价值观调查。他作为团队成员对当时全球各个国家的IBM员工进行了两轮调查,在72个国家分发了超过11.6万份问卷,并用20多种不同的语言记录了答案。调查和分析的重点是每个国家员工价值观的差异。1980年,霍夫斯泰德发表了他关于文化影响的研究:《文化的后果:工作价值观的国际差异》。这项研究的数据显示了四个因素,之后被解释为国家间文化差异的四个维度。

第一个维度:权利距离,是根据文化中普遍存在的不平等规范来定义的,反映了人们对社会不平等规范的认知。

第二个维度:个人主义与集体主义,指的是特定文化中成员的身份主要是由个人的选择和成就或他们所属的群体塑造的程度。

第三个维度:男性气质与女性气质。男性气质与女性气质对应的是"刚柔并济"的维度。在男性文化中,竞争、成功和表现等价值观相比女性文化更普遍,女性文化更强调温暖的社会关系、生活质量和照顾弱者等价值观。

第四个维度:不确定性规避,指的是某一文化中的成员对生活中的不确定性感到不舒服的程度。这个维度高的社会更喜欢结构化的环境,而不是非结构化的环境,在非结构化的环境中往往有明确的行为准则。

在四个维度确立之后,霍夫斯泰德到香港大学访问研究时结识了彭迈克教授(Michael Bond),恰巧彭迈克教授当时正在研究跨文化价值领域,先后采用了罗克奇价值观测量表、华人价值观测量表、霍夫斯泰德IBM价值观问卷测量表,对20多个国家进行了问卷调查,依据分析的结果确立四个维度。第一组(罗克奇价值观测量表)与第三组(霍夫斯泰德 IBM 价值观问卷测量表)得出的结果与 IBM 确立的四个维度具有显著的相关性,但第二组(华人价值观测量表)分析结果只有三个维度与 IBM 确立的三个维度具有显著的相关性,另外的一个维度(未来和过去的导向)与 IBM 第四个维度全无相关性,这却让 IBM 团队成员非常地兴奋,因为彭迈克教授发现的这个维度与当时的经济增长有密切的关联,此后也证实它可以预测未来经济的增长趋势。因此,霍夫斯泰德(2001)增加了反映儒家价值观的第五个维度:长期导向与短期导向。在此之后,基于彭迈克尔教授对世界价值观调查数据的分析,霍夫斯泰德(2010)在模型中添加了第六个维度:放纵与克制。最后,霍夫斯泰德文化维度指数共包括 104 个国家(地区)。

第五个维度:长期导向与短期导向。长期导向指的是社会培养和鼓励人们以追求未来回报为目标的思想品德,例如"持之以恒""勤俭节约"。短期导向则与之相反,指的是社会培养和鼓励人们以追求过去和当下的回报为目的思想品德,典型的有"尊重传统文化习俗""爱面子"等。

第六个维度:放纵与克制,指的是一个社会允许相对自由地满足与享受生活和玩乐相关的基本和自然的人类驱动力的程度。

1.权力距离

权力距离(Power Distance,简称 PDI)。权力距离是荷兰社会实验心理学家毛克-米尔德(Mauk Muder)提出的,是指表示社会或组织中权力较小的人接受和期望权力不平等分配的程度,也泛指在企业中上下级的情感距离。在权力距离较大的国家地区,接受程度相对较低,上下级层次分明,上级具有一定的社会地位,被赋予了区别于下属的一些特权,下属对上级的命令不予反驳,以表示尊敬与服从;在权力距离较小的国家地区,接受程度相对较高,上下级之间相对平等,只是对于职务职责认识不同而已,在处理事情与决策方面可以相互自由地沟通,下属更容易接近自己的上级,并直接提出中肯的意见。在不同的国家地区,人们对权力有不同的理解,如欧洲人和美国人似乎不太在乎权力,他们更注重个人能力。根据霍夫斯泰德研究中心公布的权力指数数据,本书收集整理了部分国家的数据,如表 2-1 所示。

表 2-1 世界部分国家和地区权力指数表

国家(地区)		PDI 分值	PDI 排名	结论
亚洲地区	马来西亚	104	1	权力距离很大
	菲律宾	94	5	权力距离很大
	中国	80	14	权力距离很大
	印度	77	18	权力距离很大
	新加坡	74	19	权力距离很大
	越南	70	25	权力距离较大
	泰国	64	36	权力距离较大
	韩国	60	42	权力距离中等
	日本	54	50	权力距离中等
欧洲地区/盎格鲁地区	俄罗斯	93	6	权力距离很大
	瑞士(法语地区)	70	25	权力距离较大
	法国	68	29	权力距离较大
	葡萄牙	63	38	权力距离较大
	希腊	60	41	权力距离较大
	西班牙	57	46	权力距离中等
	加拿大(法语地区)	54	49	权力距离中等
	意大利	50	51	权力距离中等
	美国	40	61	权力距离较小
	加拿大	39	62	权力距离较小
	荷兰	38	63	权力距离较小
	澳大利亚	38	64	权力距离较小
	德国	35	66	权力距离较小
	英国	35	67	权力距离较小
	瑞士(德语地区)	26	72	权力距离很小
	新西兰	22	73	权力距离很小

续表

国家(地区)		PDI 分值	PDI 排名	结论
美洲地区	巴拿马	95	4	权力距离很大
	墨西哥	81	10	权力距离很大
	巴西	69	26	权力距离较大
	智利	63	37	权力距离较大
	乌拉圭	61	40	权力距离较大
	阿根廷	49	52	权力距离中等
	哥斯达黎加	35	65	权力距离较小
中东/非洲/伊斯兰国家地区	阿拉伯国家	80	12	权力距离很大
	西非	77	18	权力距离很大
	摩洛哥	70	23	权力距离很大
	东非	64	34	权力距离很大
	伊朗	58	43	权力距离中等
	巴基斯坦	55	48	权力距离中等
	南非	49	53	权力距离中等

资料来源:根据霍夫斯泰德文化研究中心网站数据整理。

亚洲地区与非洲地区的伊斯兰权力距离指数普遍偏高,权力距离较大,且接受权力平等分配的程度较低。在欧洲地区位于中东部及东南部的国家,距离非洲及亚洲相对较近,权力距离指数普遍较高,俄罗斯、法国等国家的权力距离指数排名较高。在美国、加拿大和澳大利亚等国家的文化中,权力距离较低,这意味着人们更倾向于接受权力的平等分配和权威的相对减少,这种文化倾向反映了这些国家对社会公民的个人自由和权利非常重视,也表现出其对政治制度限制相对较低的态度。由于权力距离较低,社会中的人们更容易表达个人意见,参与决策,并倾向于与权威保持相对独立的态度。

然而,这种强调个人自由和权力的文化特点也可能导致社会组织的散漫和凝聚力的不足。因为在组织中过度强调个人自由可能会使社会中的个体更加注重个人目标和利益,而忽略了社会的整体利益和共同目标。这可能导致社会组织的分散,人们的价值观和兴趣差异较大,社会凝聚力相对较弱。

一项跨国企业的满意度调查显示,在日、韩外资企业工作的员工工作竞争压力相对美国、德国企业较高,员工进入企业后,与自己的领导无形中形成了一种类似于"父子"之间的关系,职位的晋升、薪资待遇的提高,与自己工作的时长以及这种"父子"关系的融洽程度有着密切的关系,导致员工对日韩企业满意度评价较低;相反,德美企业员工虽然也存在一些竞争压力,但相对权力指数中等的日韩企业来讲,更加接受上级与下级等级平等,不论工作资历、工作年限,职务相当,薪资待遇相对平等。

笔者在韩国访学时,研修了在韩国跨文化研究领域较有名气的教授的一门课程,初次访问教授时,韩国的学生都是尊称某某教授,并鞠躬问候,这些在笔者眼中都是中规中矩的,是尊师重道的表现,但来自哥斯达黎加与新西兰的两位学生,直呼教授姓名,教授非但没有生气,还很高兴地与他俩寒暄起来。当时笔者感到非常诧异,不太理解学生与老师之间这种称呼及问候方式的不同。但同时也引起笔者对那两位来自不同国家同学的兴趣,与他们深入交流之后,发现两名同学所在国家的权力距离指数相对较低,在他们的学习、生活、工作中,教授和学生是平等的,这样与教授相处起来也更加融洽。

IBM对一家法国大型跨国企业进行调查访谈时,发现一种有趣的现象,这家企业员工对老板的态度分为两类:一类是超乎寻常的超级膜拜,另一类则是极其的厌恶与鄙视。这个现象让我们有了新的认识,法国是属于权力距离较大的国家,社会企业等级分化较为明确,员工对老板应该是尊敬与服从的态度,但调查结果出现了两极分化状态,这样的员工态度在荷兰与德国一些企业调查中未曾出现,这就在一定程度上证实了在权力距离较高的国家,很容易产生员工敬爱与厌恶的两极分化的特征,权力距离也反映出文化距离的差异。

2.个人主义与集体主义

个人主义与集体主义(Individualism versus Collectivism,简称IDV)。这个维度的第一个方面个人主义,主要衡量一个社会是否关注个人利益而不是集体利益。霍夫斯泰德对这一维度的定义做了延伸,他认为在个人主义社会中,人与人之间的关系往往是疏远的;社会中每个人都应该有责任有义务关心自己和照顾自己的家庭。在一个以集体主义为基础的社会中,人们注重融入群体内部的关系,相互关心;强大的族群关系可以给人持续的保护,要求个人必须对群体绝对忠诚,维护集体利益要有奉献精神。在个人主义与集体主义维度研究过程中,根据霍夫斯泰德研究中心公布的个人主义倾向指数数据,本书收集整理了部分国家的数据,如表2-2所示。

表2-2 世界部分国家和地区个人主义指数表

	国家(地区)	IDV 分值	IDV 排名	结论
亚洲地区	印度	48	33	集体主义倾向性高
	日本	46	35/37	集体主义倾向性高
	菲律宾	32	46	集体主义倾向性较高
	马来西亚	26	53	集体主义倾向性较高
	中国	20	58/63	集体主义倾向性很高
	新加坡	20	58/63	集体主义倾向性很高
	越南	20	58/63	集体主义倾向性很高
	泰国	20	58/63	集体主义倾向性很高
	韩国	20	64	集体主义倾向性很高
欧洲地区/盎格鲁地区	美国	91	1	个人主义倾向性很高
	澳大利亚	90	2	个人主义倾向性很高
	英国	89	3	个人主义倾向性很高
	加拿大	80	4/6	个人主义倾向性很高
	荷兰	80	4/6	个人主义倾向性很高
	新西兰	79	7	个人主义倾向性很高
	意大利	76	9	个人主义倾向性很高
	加拿大(法语地区)	73	11	个人主义倾向性较高
	法国	71	13/14	个人主义倾向性较高
	瑞士(德语地区)	69	17/18	个人主义倾向性较高
	德国	67	19	个人主义倾向性较高
	瑞士(法语地区)	64	21	个人主义倾向性较高
	西班牙	51	32	个人主义倾向性高
	俄罗斯	39	39/40	集体主义倾向性较高
	希腊	35	45	集体主义倾向性较高
	葡萄牙	27	51/53	集体主义倾向性较高

续表

国家(地区)		IDV分值	IDV排名	结论
美洲地区	阿根廷	46	35/37	集体主义倾向性高
	乌拉圭	36	44	集体主义倾向性较高
	巴西	38	41/42	集体主义倾向性较高
	墨西哥	30	48/50	集体主义倾向性较高
	智利	23	57	集体主义倾向性很高
	哥斯达黎加	15	69	集体主义倾向性很高
	巴拿马	11	74	集体主义倾向性很高
中东/非洲/伊斯兰国家地区	南非	65	20	个人主义倾向性很高
	摩洛哥	46	35/37	集体主义倾向性高
	伊朗	41	38	集体主义倾向性高
	阿拉伯国家	38	41/42	集体主义倾向性较高
	东非	27	51	集体主义倾向性高
	西非	20	63	集体主义倾向性很高
	巴基斯坦	14	71	集体主义倾向性很高

资料来源:根据霍夫斯泰德文化研究中心网站数据整理。

图中所列出的亚洲地区(韩国、泰国、中国、日本等)与美洲地区(墨西哥、巴西、乌拉圭等)的人们认同集体主义价值观理论,非洲(阿拉伯国家)地区除南非以外大部分地区人们属于集体主义价值观的信奉者和主张者,他们通常将自己列为社会集体的一部分,当自己的利益而与集体的利益产生冲突时,会选择牺牲自己的利益而维护集体的利益,往往以集体的利益为最终目标。在日常工作中,集体主义倾向性高的群体通常设立三个目标:工作中的培训(工作单位可以给我们提供工作培训机会,以提高自己的工作能力,获得新的技能)、物质条件(工作单位可以给我们提供良好的办公条件)、工作技能的运用(在工作中可以充分运用我们所习得的技术)。

个人主义倾向性较高的国家地区以欧洲为主,比如在调查结果中个体主义得分前十的国家(美国、澳大利亚、英国、加拿大、荷兰等)。这些遵循个人主义价值观的国家地区的民族,有比较明显的共同之处,即在个人利益与集体利益发生矛盾时,人们会毫不犹豫地选择维护个人利益。在平时对个人设定工作目标也是如此,目标设定一般包含:时间安排(个人可以选择一份合理安排家人与生活时间的工作)、工作自由(个人可以选择适合自己的工作进度和工作方式)、工作挑战(个人可以选择一份具有挑战性的工作,可以从中最大限度地获得成就感)。

日常生活中有一个案例可以清楚地展示出集体主义文化与个人主义文化之间的区别,就是请客吃饭的情境。

在集体主义文化较为显著的国家,比如韩国,笔者在那里学习时就常遇到请客吃饭的情形。课后,大家会彼此询问是否有时间一起用午餐,确定人数后,便一致决定去一家多数人喜欢的韩国料理店。即便有些同学可能并不太喜欢韩国料理,但为了维持整体的聚餐氛围,他们也会选择跟着去。到达餐馆后,服务员会递上一份点餐单,供大家一同查看,而不是每人一份。然后,大家商议点餐内容,互相分享。在用餐过程中,大家愉快聊天,共同享受饭菜。如果没有人事先表示要请客,那么账单送来时,大家会主动掏出钱包,争相结账。从选择聚餐的餐馆,到点餐内容,整个过程中的决定都是通过协商达成的,以满足大多数人的意愿。这种集体主义文化下的行为体现了集体利益的重要性。

相比之下,在个人主义文化盛行的欧洲国家,情况则会有所不同。在这里,每个人可能更倾向于选择符合个人口味的餐馆,点选自己喜欢的食物。这种情况下更强调个人的自主性和个性化。

还记得笔者去德国慕尼黑看望大学同学时的经历。笔者和同学提前几天约上几个德国本地朋友,确认大家都有空,然后预定了一个餐馆。在约定的那一天,大家都非常准时地到达了餐馆。一位服务员给每个人分别递上了菜单,大家根据自己的喜好选择了各种餐点,像牛排、猪排、土豆泥等。用餐结束时,大家召唤服务员结账,然后各自离开。

在整个用餐过程中,笔者深刻感受到了个人主义和集体主义文化在行为上的差异。大家都以个人的需求和兴趣为主,选择自己喜欢的食物,不用过于考虑照顾他人或关注集体感受。这种情况直观地展示了不同国家之间在行为和认知的个人主义和集体主义上差异。

3.男性气质与女性气质

男性气质与女性气质(Masculinity versus Femininity,简称MAS)。作为这个维度的一个方面,男性气质代表着社会对英雄主义、自信、成就和成功后的物质奖励的偏好,表示一个更具竞争力的社会。相比之下,女性气质代表着合作、关爱弱者、谦虚和生活质量,象征一个以共识为导向的社会。男性在各方面的成就增加了男性的自信和竞争力,使其更加具有阳刚之气;而女性的温柔、善良、体贴之美,为女性的阴柔之气增添了几分色彩。因此,在很多研究中把男性气质与女性气质称为阳刚气质与阴柔气质。还有学者将男性自信、竞争、追求事业的成功比喻成事业成功导向,把女性对家庭的关爱、对孩子的照顾,个性中的温柔一面称之为生活品质导向。本书把霍夫斯泰德研究中心公布的部分具有代表性国家的男性气质倾向指数做了整理分析,如表2-3所示。

表2-3 世界部分国家和地区男性气质指数表

国家(地区)		MAS分值	MAS排名	结论
亚洲地区	日本	95	2	男性气质倾向性很强
	中国	66	11/13	男性气质倾向性较强
	菲律宾	64	14/16	男性气质倾向性较强
	印度	56	28/29	男性气质倾向性强
	马来西亚	50	34/36	男性气质倾向性强
	新加坡	48	38	女性气质倾向性
	越南	40	55/58	女性气质倾向性较强
	韩国	39	59	女性气质倾向性很强
	泰国	34	64	女性气质倾向性较强

续表

国家(地区)		MAS 分值	MAS 排名	结论
欧洲地区/盎格鲁地区	瑞士(德语地区)	72	6	男性气质倾向性较强
	意大利	70	7	男性气质倾向性较强
	德国	66	11/13	男性气质倾向性较强
	英国	66	11/13	男性气质倾向性较强
	美国	62	19	男性气质倾向性较强
	澳大利亚	61	20	男性气质倾向性较强
	新西兰	58	22/24	男性气质倾向性强
	瑞士(法语地区)	58	22/24	男性气质倾向性强
	希腊	57	25/27	男性气质倾向性强
	加拿大	52	33	男性气质倾向性强
	加拿大(法语地区)	45	43/45	女性气质倾向性较强
	法国	43	47/50	女性气质倾向性较强
	西班牙	42	51/53	女性气质倾向性较强
	俄罗斯	36	63	女性气质倾向性很强
	葡萄牙	31	65	女性气质倾向性很强
	荷兰	14	73	女性气质倾向性很强
美洲地区	墨西哥	69	8	男性气质倾向性较强
	阿根廷	56	28/29	男性气质倾向性强
	巴西	49	37	女性气质倾向性强
	巴拿马	44	46	女性气质倾向性较强
	乌拉圭	38	60	女性气质倾向性很强
	智利	28	67	女性气质倾向性较强
	哥斯达黎加	21	69	女性气质倾向性很强
中东/非洲/伊斯兰国家地区	南非	63	17/18	男性气质倾向性较强
	阿拉伯国家	53	31/32	男性气质倾向性强
	摩洛哥	53	31/32	男性气质倾向性强
	巴基斯坦	50	34/36	男性气质倾向性强
	西非	46	41/42	女性气质倾向性强
	伊朗	43	47/50	女性气质倾向性较强
	东非	41	54	女性气质倾向性较强

资料来源:根据霍夫斯泰德文化研究中心网站数据整理。

根据表 2-3 的数据,我们可以观察到一些有趣的趋势。那些被认为拥有最多女性气质的国家,比如荷兰、丹麦、芬兰、葡萄牙等,以及一些美洲国家,如哥斯达黎加、智利、乌拉圭等,他们的 MAS 排名相对较靠后,位于排名的后 1/3。与此同时,一些亚洲国家,如泰国、韩国、越南,他们在女性气质的排名也相对较低。非洲/伊斯兰国家地区,包括东非、伊朗、西非,这些国家在 MAS 排名也处于中等以下位置,这表明该国家地区对女性关注程度可能较低。

有趣的是,在那些女性气质相对较低的国家中,通常可以看到女性在组织的高层管理层中占据较多的位置,这些国家似乎更加注重女性的职业规划和发展。这些数据反映了不同文化和地区对女性角色和价值的看法,在一定程度上影响了女性在社会、职场和组织中的地位和角色。

在有些国家,如亚洲的日本、印度,欧洲地区的瑞士(德语地区)、意大利、德国、英国,美洲的墨西哥、阿根廷,以及非洲/伊斯兰国家地区的南非、阿拉伯、摩洛哥等,男性气质备受重视。这种文化认知赋予了男性阳刚之气的特质,强调他们的自信和事业成就感。

以日本为例,这是一个男性气质十分突出的国家。在这个文化背景下,全职太太被视为一份职业,女性结婚后通常会自愿放弃工作机会,全心致力于照顾家庭和孩子的成长。在孩子的成长过程中,女性的陪伴起着至关重要的作用。她们会承担起接送孩子上下学的任务,陪同孩子参加各种兴趣班,制定家庭年度的开支和收入计划,精心挑选购买节日用品和走亲访友的礼品,甚至负责赡养双方父母。在这些国家,许多家庭重要职责都落在了全职女性的肩上,这反映出社会对男性和女性角色的不同看法。

与此同时,男性在这种社会结构中也承担着特定的责任。虽然不必过多担心家务琐事,但他们需要负担家庭所有的消费开支,并定期支付女性一定比例的工资,以确保女性生活得到保障,使她们能够专心照顾家庭。这种社会安排导致婚后的女性更加依赖男性的收入。同时,在婚姻破裂的情况下,男性仍然需要向女性支付一定比例的赡养费用。这种社会模式使得日本男性对待婚姻问题更加谨慎,从而有效地降低了日本的离婚率,同时对男性和女性在家庭和社会中的角色分工,以及婚姻关系的维系,都产生了深刻的影响。这种社会结构还影响着个人的价值观和决策,同时也对整体社会的稳定性产生着深远的影响。

4.不确定性规避

不确定性规避(Uncertainty Avoidance,简称 UAI)。不确定性规避这一专业术语源自美国组织社会学家詹姆斯·马奇(James G.March)[①]的发现,他认为人们必须面对"明天未知发生的事情"这一不确定性的事实。严重的不确定性会加剧人们的焦虑:人们对未来不确定发生的事情要如何共同去应对?因此,霍夫斯泰德对于这个维度定义为"一个社会在面对不确定性和非常规环境威胁时,采取正式方法来避免和控制不确定性的程度"。这里的根本问题是,一个社会如何应对未来永远不可知这一事实。回避程度高的社会更注重权威、资历、年龄、地位,努力提供更安全的职业,不容忍极端行为。回避程度低的社会,对异常行为的容忍度更高,规章制度也更少;它允许不同的观点同时存在于哲学和宗教中。本书把霍夫斯泰德研究中心公布的部分具有代表性国家的不确定性规避指数做了整理分析,如表2-4所示。

表2-4 世界部分国家和地区不确定性规避指数表

国家(地区)		UAI 分值	UAI 排名	结论
亚洲地区	日本	92	11/13	不确定规避性很强
	韩国	85	23/25	不确定规避性较强
	泰国	64	45	不确定规避性中等
	菲律宾	44	65	不确定规避性很弱
	印度	40	67	不确定规避性很弱
	马来西亚	36	34/36	不确定规避性很弱
	中国	30	70/71	不确定规避性很弱
	越南	30	70/71	不确定规避性很弱
	新加坡	8	76	不确定规避性很弱

---

① 詹姆斯·马奇出生于1916年,他在1953年获得耶鲁大学的博士学位。他是斯坦福大学的管理学教授,同时也兼任政治学、社会学以及教育学教授。在学术生涯中,马奇在多个领域都取得了卓越成就。马奇被广泛认可为过去半个世纪来组织决策研究领域中最具贡献的学者之一。他在组织、决策和领导力等领域的研究都取得了卓越的成果,为学术界做出了重要的贡献。

续表

国家(地区)		UAI 分值	UAI 排名	结论
欧洲/盎格鲁地区	希腊	112	1	不确定规避性很强
	葡萄牙	104	2	不确定规避性很强
	俄罗斯	95	7	不确定规避性很强
	法国	86	17/22	不确定规避性较强
	西班牙	86	17/22	不确定规避性较强
	意大利	75	33	不确定规避性强
	瑞士(法语地区)	70	35/38	不确定规避性强
	德国	65	43/44	不确定规避性中等
	加拿大(法语地区)	60	47/49	不确定规避性中等
	瑞士(德语地区)	56	52	不确定规避性较弱
	荷兰	53	55	不确定规避性较弱
	澳大利亚	51	57/58	不确定规避性较弱
	新西兰	49	60/61	不确定规避性较弱
	加拿大	48	62	不确定规避性很弱
	美国	46	64	不确定规避性很弱
	英国	35	68/69	不确定规避性很弱
美洲地区	乌拉圭	100	4	不确定规避性很强
	阿根廷	86	17/22	不确定规避性较强
	智利	86	17/22	不确定规避性较强
	哥斯达黎加	86	17/22	不确定规避性较强
	巴拿马	86	17/22	不确定规避性较强
	墨西哥	82	26/27	不确定规避性较强
	巴西	76	31/32	不确定规避性强
中东/非洲/伊斯兰国家地区	巴基斯坦	70	35/38	不确定规避性强
	阿拉伯国家	68	40/41	不确定规避性中等
	摩洛哥	68	40/41	不确定规避性中等
	伊朗	59	50/51	不确定规避性弱
	西非	54	54	不确定规避性较弱
	东非	52	56	不确定规避性较弱
	南非	49	60/61	不确定规避性较弱

资料来源:根据霍夫斯泰德文化研究中心网站数据整理。

不同国家对地区不确定性的规避程度存在差异。在得分较高的地区,如欧洲(从希腊的 112 分到德国的 65 分)以及美洲(从乌拉圭的 100 分到巴西的 76 分),整体上表现出较强的规避不确定性的倾向。而在得分较低的国家和地区中,亚洲(除了日本和韩国,分数较高外,从泰国的 64 分到新加坡的 8 分不等)以及非洲和伊斯兰国家地区(除了巴基斯坦处于中等偏上水平外,其他国家分数较低,从阿拉伯国家的 68 分到南非的 49 分)整体上更倾向于较低程度的规避不确定性。与此同时,不确定性规避程度较低的国家和地区普遍具有较低的焦虑水平。

根据爱尔兰心理学家理查德-林恩(Richard Lynn)①针对人类与焦虑相关的调查结果显示,不确定性规避程度较低的国家,人们焦虑的程度较低,那么死于慢性心理疾病的人数相对较多。他解释为,在焦虑程度较低的国家地区的人们,具有较低的表现欲和发泄欲,对于长期积累的不良情绪与情感,担心不被社会所认同和接受,不能够得到有效的释放,只能积压在心里,长此以往,获得慢性心理疾病的风险就会增高。

不确定的风险程度与不确定的规避程度两者很容易混为一谈,但实际两者差距很大,两者的关系好比恐惧和焦虑一样。不确定的风险和恐惧都会聚焦在一个具体的事务上。例如有恐惧的对象以及冒险的事,风险是对一件未知的结果发生概率的预测。而焦虑和不确定的规避程度都是一种平常的感觉,并且焦虑也没有指定对象,不确定也不用概率进行预测。例如我们在路上开车,可能存在一定的风险,我们可以减速慢行,降低事故的风险,却不能降低对未知事情的不确定性规避程度。因此,规避不能降低我们可以预测的风险,但可以减少不确定性。

以韩国为例,这个国家在不确定性规避程度方面表现出较强的特点。在韩国,企业的员工基本都处于终身雇佣制度,类似于我国的公务员体制。这种雇佣制度为员工提供了一种稳定的就业保障,减少了失业的不确定性,从而最大程度地减轻了员工在工作方面的焦虑感。这种制度赋予员工强烈的安全感,同时也培

---

① 理查德·林恩是英国阿尔斯特大学的荣誉教授,同时也是智商领域备受瞩目的资深研究者。他的研究聚焦于一些备受争议的议题,其中包括不同国家大学教育对智商差异的影响、性别在智商方面的潜在差异,以及人种在智商层面的可能差异。他的研究在这些领域引发了广泛的讨论和关注。

养了他们对企业的忠诚感,将企业视为自己的"家",以全力以赴的态度投入工作,将自身发展与企业的命运紧密联系在一起。

韩国的企业管理层也会通过各种方式来激励、鼓励和关怀员工,以激发他们的工作热情,并增强对企业的责任感和荣誉感。这种全面关注员工的做法不仅有助于减少员工在工作中的不确定性,还能够提高员工的满意度和投入度,从而增强了他们对于不确定性的规避程度。这种全方位的关注和支持帮助员工建立起对企业的强烈归属感,使他们更加愿意为企业的发展贡献力量,进一步加强了员工与企业之间的紧密联系。

5.长期导向与短期导向

长期导向与短期导向(Long-term versus Short-term Orientation,简称LTO)。这个维度可以理解为,在一个社会中,人们在多大程度上可以接受延迟满足他们的物质、社会和情感需求。这个维度表明,道德生活是值得追求的,不需要任何宗教来为它辩护。长期导向指的是社会培养和鼓励人们以追求未来回报为目标的思想品德,例如"持之以恒"和"勤俭节约"。短期导向则与之相反,指的是社会培养和鼓励人们以追求过去和当下的回报为目的思想品德,典型的有"尊重传统文化习俗""爱面子""肩负社会责任,履行社会义务"等。

正如我们之前所说,霍夫斯泰德教授的长期导向是在遇到了香港大学的彭迈克教授之后提出的,从彭迈克当时的华人价值观调查中受到了启发。华人价值观包含两个方面:一方面,首先是坚韧、持之以恒(具备不轻易放弃的品格),其次,节俭(反对浪费),再次,尊卑有序(遵循孔子的五伦关系),最后,知廉耻(感知在群体中的耻辱而不是内疚)。另一方面首先是注重礼尚往来,其次是尊重国家民族的传统文化,再次是维护群体与个人关系,注重组织利益,最后是稳重(凡事三思而后行)。霍夫斯泰德教授认为坚韧、持之以恒和勤俭节约代表未来的长期导向,尊重国家民族的传统和稳重代表一种静态的过去和现在的短期导向。因此,IBM此次跨文调查项目新增的第五个维度定义为"长期导向-短期导向"。

IBM世界价值观调查团队明可夫学者,基于华人价值观调查基础上重新设立问卷,调查范围扩大到93个国家(地区)。被称为新的长期导向得分,本书将部分具有代表性国家的长期导向分值统计,如下表2-5所示。

表 2-5 世界部分国家和地区长期导向得分汇总表

国家(地区)		LTO 分值	LTO 排名	结论
亚洲地区	韩国	100	1	长期导向倾向性很强
	日本	88	3	长期导向倾向性很强
	中国	87	4	长期导向倾向性很强
	新加坡	72	16	长期导向倾向性很强
	越南	57	36	长期导向倾向性较强
	印度	51	40/41	长期导向倾向性强
	马来西亚	41	50	短期导向倾向性强
	泰国	32	62	短期导向倾向性较强
	菲律宾	27	67/68	短期导向倾向性较强
欧洲/盎格鲁地区	德国	83	6	长期导向倾向性很强
	俄罗斯	81	10	长期导向倾向性很强
	瑞士	74	15	长期导向倾向性很强
	荷兰	67	12	长期导向倾向性很强
	法国	63	25	长期导向倾向性较强
	意大利	61	29	长期导向倾向性较强
	瑞典	53	37	长期导向倾向性较强
	英国	51	40/41	长期导向倾向性强
	西班牙	48	44	长期导向倾向性强
	希腊	45	48	短期导向倾向性强
	芬兰	38	51/54	短期导向倾向性强
	加拿大	36	55/56	短期导向倾向性强
	新西兰	33	61	短期导向倾向性较强
	葡萄牙	28	65/66	短期导向倾向性较强
	美国	26	69/71	短期导向倾向性较强
	澳大利亚	21	77	短期导向倾向性很强

续表

国家(地区)		LTO 分值	LTO 排名	结论
美洲地区	巴西	44	49	短期导向倾向性强
	智利	31	63	短期导向倾向性较强
	乌拉圭	26	69/71	短期导向倾向性较强
	秘鲁	25	72/73	短期导向倾向性很强
	墨西哥	24	74/76	短期导向倾向性很强
	阿根廷	20	78/80	短期导向倾向性很强
	委内瑞拉	16	82/83	短期导向倾向性很强
中东/非洲/伊斯兰国家地区	巴基斯坦	50	42	长期导向倾向性强
	沙特阿拉伯	36	55/56	短期导向倾向性强
	南非	34	60	短期导向倾向性较强
	摩洛哥	14	85/86	短期导向倾向性很强
	伊朗	14	85/86	短期导向倾向性很强
	尼日利亚	13	87/90	短期导向倾向性很强
	埃及	7	91	短期导向倾向性很强

资料来源:根据霍夫斯泰德文化研究中心网站数据整理。

从表2-5的数据可以明显看出,不同国家在长期导向和短期导向上存在明显的倾向差异。亚洲地区的大部分国家(马来西亚、泰国、菲律宾除外)整体上表现出较强的长期导向。与此相反,美洲地区的国家则倾向于更强的短期导向。在非洲和伊斯兰国家地区,除了巴基斯坦外,其他国家普遍倾向于较强的短期导向。

在欧洲地区,国家呈现出分化的情况。一半的国家(如德国、俄罗斯、瑞士、荷兰、法国、意大利、瑞典、西班牙等)更倾向于长期导向,而另一半国家(如希腊、芬兰、加拿大、新西兰、葡萄牙、美国、澳大利亚等)更倾向于短期导向。这些趋势明显地展示了不同地区对于长期与短期目标的关注度以及对未来计划的重视程度的差异。

通常情况下,亚洲国家普遍持有长期导向的价值观。在这些社会和民族中,人们具备持久的毅力和耐力,为了实现共同目标而付出不懈的努力,期待获得更长远的回报。他们崇尚拼搏精神,敢于奋斗,并且注重勤俭节约的美德。

相反,受短期导向价值观影响的地区包括美洲、非洲的大多数国家,以及欧洲的一些国家。在这些地方,人们更注重追求短期目标的实现,追求利益最大化,强调付出努力要在短时间内得到回报。他们强调即时消费观念,尊重传统文化价值观,同时关注个人立场以及对社会和企业的责任感。这种价值观在很大程度上影响了人们的行为方式、决策以及对待未来的态度。

记得笔者在韩国进行访问学习的几年里,有幸随教授参加了几次国际学术会议。在我们前往新加坡南洋理工大学参加学术会议时,我们提前抵达会议地点,并在会议举办方南洋理工大学签到后,他们安排了专人向我们介绍当地文化,并了解我们在新加坡的两天计划。如果没有特别安排,他们会为我们制定一个游览计划,然后在会议开幕前的前一天晚上,会通知我们会议入场的时间以及发表演讲的时间。在会议结束后的宴会上,他们会主动与我们交谈,我们分享在新加坡的游览经历,讨论对新加坡文化的理解等。

然而,当笔者与教授一同前往澳大利亚参加国际性的学术会议时,由于会议规模较大,笔者提前半年申请了访问签证。我们提前两天到达澳大利亚,但联系主办方后,他们却只简要地告诉我们会议的时间、地点以及参会的注意事项,没有进行其他的文化介绍。在会议中,一切都更为简明扼要,问题直截了当,而且时常会涉及学术敏感话题,对方并不多加考虑,也不会进行太多的引导与铺垫。

总结这些经历,笔者认为从中可以看出不同国家对长期导向和短期导向的倾向,这在学术会议的组织方式中也有所体现。以新加坡为例,这个国家倾向于长期合作和计划,他们注重与来访的学者建立长期的合作关系,通过介绍当地文化特色,展示了他们对长期合作的欢迎态度,为将来的合作奠定了基础。另一方面,澳大利亚则更偏向于短期导向,他们更强调解决当前问题和获取即时利益,这在学术会议中表现得更为明显。他们在组织中更加注重会议的核心议题,不会花太多时间在介绍文化等方面。这种做法反映了他们对短期目标的重视,强调即时解决问题和达到短期目标。

这种文化差异深刻影响着不同国家在合作和决策方面的方式,体现了长期导向与短期导向的国家在根本价值观上的不同。这种差异不仅在学术会议中可见,也在其他领域中有所体现,凸显了文化对于行为方式和决策取向的影响。

6.放纵与克制

放纵与克制(Indulgence versus Restraint,简称IVR)。这个维度里,放纵指的

是一个社会允许相对自由地满足与享受生活和玩乐相关的基本和自然的人类驱动力的程度。指数越大，说明社会对自我放纵的容忍度越高，人们对自己的约束越少，同时，侧面显示人们获得更容易满足和获得当下的幸福感。与之相反，克制则是人们的行为受到社会规范的限制，把自己的需求和欲望压抑在内心，不需要过多地表现在行为方式上，认为过度的消费和享受是一种错误的行为。基于世界价值观调查报告，本书将世界价值观调查中部分具有代表性国家的放纵与克制的指数得分及分析结果总结如下表 2-6 所示。

表 2-6 世界部分国家和地区放纵与克制得分汇总表

国家(地区)		IVR 分值	IVR 排名	结论
亚洲地区	马来西亚	57	27/29	放纵倾向性较强
	新加坡	46	41/43	克制倾向性强
	泰国	45	44	克制倾向性强
	菲律宾	42	49/51	克制倾向性强
	日本	42	49/51	克制倾向性强
	越南	35	58/59	克制倾向性强
	韩国	29	67/69	克制倾向性较强
	印度	26	73	克制倾向性很强
	中国	24	75	克制倾向性很强
欧洲/盎格鲁地区	瑞典	78	8	放纵倾向性很强
	新西兰	75	9	放纵倾向性很强
	澳大利亚	71	11	放纵倾向性很强
	英国	69	14	放纵倾向性很强
	加拿大	68	15/17	放纵倾向性较强
	荷兰	68	15/17	放纵倾向性较强
	美国	68	15/17	放纵倾向性较强
	瑞士	66	19/20	放纵倾向性较强
	芬兰	57	27/29	放纵倾向性较强
	希腊	50	36	放纵倾向性强
	法国	45	39	放纵倾向性强
	西班牙	44	46	克制倾向性强
	德国	33	52/53	克制倾向性强
	葡萄牙	33	61	克制倾向性较强
	意大利	30	66	克制倾向性较强
	俄罗斯	20	77	克制倾向性很强

续表

国家(地区)		IVR 分值	IVR 排名	结论
美洲地区	委内瑞拉	100	1	放纵倾向性很强
	墨西哥	97	2	放纵倾向性很强
	波多黎各	90	3	放纵倾向性很强
	哥伦比亚	83	6	放纵倾向性很强
	巴西	59	26	放纵倾向性较强
	乌拉圭	53	33	放纵倾向性强
	秘鲁	46	41/43	克制倾向性强
中东/非洲/伊斯兰国家地区	尼日利亚	84	5	放纵倾向性很强
	南非	63	23/24	放纵倾向性较强
	沙特阿拉伯	52	34/35	放纵倾向性强
	伊朗	40	52/53	克制倾向性强
	摩洛哥	25	74	克制倾向性很强
	埃及	4	92	克制倾向性很强
	巴基斯坦	0	93	克制倾向性很强

资料来源:根据霍夫斯泰德文化研究中心网站数据整理。

根据表2-6的数据,我们可以观察到在世界范围内,不同国家和地区在放纵型与克制型两个方面的行为之间存在着差异。在亚洲国家地区,大部分国家(除马来西亚外)如新加坡、泰国、菲律宾、日本、越南、韩国、印度、中国等,整体呈现出较强的克制性行为倾向,放纵指数得分较低。相反,在美洲地区,大多数国家(除秘鲁外)如委内瑞拉、墨西哥、波多黎各、哥伦比亚、巴西、乌拉圭等,整体呈现出较高的放纵型行为倾向,放纵指数得分排名较前。

在欧洲/盎格鲁地区,情况也呈现出分化。一部分国家如瑞典、新西兰、澳大利亚、加拿大、荷兰、美国、瑞士、芬兰、希腊、法国等倾向于放纵型行为,而另一部分国家如西班牙、德国、葡萄牙、意大利、俄罗斯等则倾向于克制型行为。中东、非洲和伊斯兰国家地区也呈现类似趋势。尼日利亚、南非、沙特阿拉伯等国家表现出较强的放纵型行为倾向,而伊朗、摩洛哥、埃及、巴基斯坦等则更倾向于克制型行为。

上述差异反映了不同文化和社会背景下,人们在放纵与克制之间的行为取向,这可能就是受到国家的价值观、传统习惯以及社会制度的影响。

在美国,放纵型的文化氛围较为强烈。这个国家秉持着自由、公平和平等的价值观,人们在享受乐趣和消费方面受到的限制相对较少。在美国,只要购买力允许,人们似乎可以自由地进行消费。例如,在美国,公众对饮食的自律性相对较低,高热量的快餐饮食文化的消费观念被广泛宣传,汉堡、薯条、比萨和可乐等高热量食物和饮品成为美国快餐行业的代表。著名的快餐品牌如麦当劳、肯德基,以及知名的饮品如可口可乐和百事可乐,这种高热量饮食观念的放纵,可能是美国人整体肥胖率较高的原因。

与此不同,新加坡这个国家倾向于较为克制型的消费文化。为了保持城市环境的整洁,新加坡禁止在公共场合嚼口香糖,因为口香糖是难以清除的垃圾之一,因此口香糖的生产、进口和销售在新加坡受到禁止。此外,在 2015 年,新加坡政府还实施了禁酒令,规定晚上十点半到次日清晨七点期间,在公共场所不得饮酒。在禁酒时间段,超市和零售店也被禁止销售酒类饮品。这些规定体现了新加坡克制型文化的特点,政府通过制度相关政策法规来维护国家的社会秩序和公共环境的整洁。

综上所述,我们可以更清楚地理解放纵型和克制型国家的人们在消费行为方面的差异。这种差异不仅体现在饮食习惯上,还反映了不同文化价值观对社会规范和个体行为的影响。

二、全球文化维度项目团队跨文化理论

1991 年,宾夕法尼亚大学沃顿商学院的罗伯特·豪斯教授构建全球领导与组织行为有效性全球文化维度研究项目。该项目研究目的为提升跨国企业领导力而展开的一项国际性研究,但随后研究范围扩展至国家和组织文化的其他方面。这项大规模的全球文化价值观项目于 1991 年开始,并由豪斯教授以及他的团队共同完成。

在 1994 年到 1997 年的时期,该研究项目动员了约 170 名自愿合作者,涵盖了全球 62 个社会的不同文化背景。这些合作者代表食品加工、金融服务和电信

服务等三大行业，共收集了来自951个地区（非跨国）组织的大约17,300名管理人员的数据。

20世纪90年代，全球文化维度调查项目研究成为四大跨文化研究项目之一。另一个项目是世界价值观调查，它起源于20世纪80年代的欧洲价值观调查，后由美国政治学家罗纳德·英格尔哈特（Inglehart et al., 1998, 2004）进行整理和扩展。世界价值观调查依托市场研究机构对全球越来越多国家（目前达到81个国家）的成年人（18岁及以上）进行了样本调查。

在全球文化维度调查项目中，该项目团队汇集了来自951个组织的17,300名中层管理人员的数据。他们采用了定性方法来辅助开发定量研究工具，并最终测试了27个研究性假设。这个项目在20世纪90年代展开，是跨文化研究领域的重要一环。全球文化维度研究项目至少有三个阶段：

第一阶段涉及研究仪器的开发；

第二阶段评估了社会和组织文化的9个基本属性，或文化维度，并探讨了这些属性如何影响62种社会文化中的领导力（本章节重点讨论的内容）；

第三阶段主要是研究特定的领导者行为（包括CEO的领导力行为）对下属态度和绩效的有效性。

全球文化维度调查项目的调查范围极为广泛，涵盖了全球62个不同的社会文化和10个社会集群。这些"社会文化"跨足从阿尔巴尼亚到津巴布韦等国家，其中包括挪威和沙特阿拉伯之外的大部分国家；也包括萨尔瓦多、格鲁吉亚、哈萨克斯坦、科威特、纳米比亚、卡塔尔、斯洛文尼亚和赞比亚等国家。

这些社会文化地区没有被称为"国家"，是因为研究人员采用了社会人类学家而不是政治科学家的视角来考虑这个问题。在62个国家中，包括一些特殊类别，如"加拿大（英语国家）""德国（前东德）""德国（前西德）""南非（黑人样本）""南非（白人样本）"，最后还有"瑞士（法语国家）"和"瑞士"。为了更好地解释研究结果，研究人员将这62个社会划分为了10个"社会集群"，或者简称为"集群"。10个"社会集群"，以及每个集群包含的社会数量，如表2-7所示。

表 2-7 全球文化维度社会集群分类表

社会集群	数量	地区
益格鲁	7	澳大利亚 新西兰 加拿大 美国 南非(白人样本) 英格兰 爱尔兰
北欧	3	芬兰 瑞典 丹麦
东欧	8	阿尔巴尼亚 哈萨克斯坦 匈牙利 波兰 俄罗斯 斯洛文尼亚 希腊 格鲁吉亚
拉丁欧洲	6	意大利 葡萄牙 西班牙 法国 瑞士(法语国家) 以色列
日耳曼欧洲	5	奥地利 德国(前西德) 德国(前东德) 荷兰 瑞士
拉丁美洲	10	阿根廷 玻利维亚 巴西 哥伦比亚 哥斯达黎加 厄瓜多尔 萨尔瓦多 危地马拉 墨西哥 委内瑞拉
撒哈拉以南非洲	5	纳米比亚 尼日利亚 南非(黑人样本) 赞比亚 津巴布韦
中东	5	埃及 科威特 摩洛哥 卡塔尔 土耳其
南亚	6	印度 印尼 马来西亚 菲律宾 泰国 伊朗
亚洲儒家家族群	6	中国 中国(台湾) 中国(香港) 韩国 日本 新加坡

资料来源:根据豪斯等人(House R et al., 2022)整理。

对于每个集群中包含的社会,它们在大多数方面都相似,但有一个例外:以色列被归类到"拉丁欧洲"集群。这个分类的背后有一个历史性的解释。之前南欧犹太人由于宗教迫害而皈依天主教,而另一些犹太人则移民到东欧。后者的一部分人最终在很大程度上建立了以色列,与此同时他们保持了与拉丁欧洲地区的社会和商业联系。这个特殊情况是整个研究中的一个例外。

全球文化维度调查项目在确定测量标准时面临一个关键问题:如何准确地衡量各种社会和组织文化之间的差异和相似之处。经过广泛的文献综述和两个初步研究阶段的探索,研究团队确定了 9 个"文化维度"作为测量单位。这些文化维度是跨文化研究领域长期使用的工具,其中一些词汇可能为人们所熟知,但也有一些是经过重新定义甚至是全新开发的。

全球文化维度调查项目借鉴了之前 IBM 世界价值观调查的维度模式,并在霍夫斯泰德价值观的 5 个维度基础上进行扩展。由于概念上的考虑,项目团队将霍夫斯泰德的5个价值观维度扩展到了9个价值文化维度。他们保留了"权力距离"和"不确定性规避"这两个标签,同时将"集体主义"分为了"社会集体主义"和"群体内集体主义",将"男性-女性特征"分为了"自信"和"性别特征平均主义"。原本的"长期导向"变为了"未来导向"。此外,他们引入了两个新维度:"人性导向"和"绩效导向"。

综上所述,全球文化维度调查项目最终确定了九个文化维度,分别是不确定性规避、未来导向、权力距离、社会集体主义、人性导向、绩效导向、群体内集体主义、性别特征平均主义和自信。这些价值观维度在研究中起到了关键的角色,帮助我们更好地理解不同文化间的差异和共同点。

为了方便后续读者更好理解文化维度,全球文化维度调查项目团队的研究人员将每个维度进行了概念化,并将其描绘为两个极端之间的连续统一体。这种方法有助于描述一个社会或组织中的人在特定维度上的倾向,例如自信程度可以在"非常不自信""非常自信"以及介于两者之间进行评估。项目团队采用了一个包含7个等级的评分量表,以将这些倾向量化。以自信维度为例,"1"代表"非常不自信","7"代表"非常自信"。

此外,关于全球文化维度(GLOBE)的9个文化维度的另一个重要事实是每个维度都以两种方式进行了概念化:实际实践或"现状"以及价值观或"应该是"。以自信维度为例,一个社会或组织的个体可以在实际实践中将自己评分为"6",表示有一定的自信,但同时也可以在价值观上给自己评分为"3",表示有一定的不自信。这种双重概念化有助于更全面地理解个体在文化维度上的倾向性。

在全球文化维度调查项目的研究中,九个文化维度的数据揭示了一些有趣的发现。在这九个文化维度中,研究人员对更广泛的社会和特定组织中受访者的实际实践和价值观进行了深入调查。

1.不确定性规避

在全球文化维度调查项目中,研究团队特别关注了文化维度中的"不确定性规避"(Uncertainty Avoidance,简称UA)。这一维度在社会集群的价值观和实践研究中被认为具有重要意义。不确定性规避描述了一个社会成员、组织或团体通过倚赖社会规范、规则和程序来努力减少不确定性的程度,以降低未来事件的不可预测性。

研究团队发现,不同文化在处理不确定性时存在明显差异。一些社会更倾向于采取严格的规定和程序,以减轻可能的风险和不确定性。而另一些社会可能更愿意接受风险和未知因素,更加灵活和开放。通过测量不确定性规避维度,研究团队能够深入了解不同社会对于不确定性的态度和处理方式,从而揭示出文化对行为和决策的影响,这对于理解国家和组织之间的文化差异以及其在各个方面的影响具有重要意义。通过研究发现不确定性规避倾向高和低的社会集群具有以下共同的特征。

不确定性规避倾向高的社会:
- 个体在与社会群体中的其他人交往时表现拘谨。
- 人们在工作方面会有条不紊进行,注重细致地记录日常工作的行为。
- 人们在行为规范中会很好的运用社会政策和法律程序。
- 人们会仔细计算、规划所有事务的风险,适度地承担风险带来的得与失。
- 人们不喜欢社会改变,甚至有时会抵制社会的改变。

不确定性规避倾向低的社会:
- 个体在社会里与他人交往比较随性,经常使用非正式的语言。
- 人们在工作中注重效率,秩序性相对较弱,不会在意日常工作记录等行为。
- 人们更加依赖于个人能力,很少依赖于社会。
- 人们喜欢冒险,对于风险的承担能力较强。
- 人们对于社会环境改变抵制情绪较低。

根据全球文化维度研究项目的结果,本书总结了十大社会集群中代表性的22个国家(地区)在不确定性规避实践与价值观方面的得分,详见表2-8。在亚洲儒家家族群地区(中国、新加坡)、中东地区(埃及、印度)、拉丁美洲地区(墨西哥)、东欧地区(希腊、俄罗斯)、撒哈拉以南非洲地区(尼日利亚)、南亚地区(泰国)等地区(国家),不确定性倾向的价值观与实践得分较高。这些地区的不确定性规避文化倾向较高,即更倾向于通过依赖社会规范、规则和程序来减轻对未来事件的不可预测性。

表 2-8　全球文化维度的社会集群 22 个国家不确定性规避(UA)实践与价值观得分

社会集群	地区	UA 实践得分	UA 价值观得分
盎格鲁	英格兰	4.65	4.11
	美国	4.15	4.00
	新西兰	4.75	4.10
北欧	芬兰	5.02	3.85
	瑞典	5.32	3.60
东欧	俄罗斯	2.88	5.07
	希腊	3.39	5.09
拉丁欧洲	西班牙	3.97	4.76
	法国	4.43	4.26
日耳曼欧洲	荷兰	4.70	3.24
	瑞士	5.37	3.16
拉丁美洲	巴西	3.60	4.99
	墨西哥	4.18	5.26
撒哈拉以南非洲	尼日利亚	4.29	5.60
	津巴布韦	4.15	4.73
中东	埃及	4.06	5.36
	摩洛哥	3.65	5.32
南亚	印度	4.15	4.73
	泰国	3.93	5.61
亚洲儒家家族群	中国	4.94	5.28
	日本	4.07	4.33
	新加坡	5.31	4.22

资料来源:根据豪斯等人(House R et al.,2022)整理。

相反,在盎格鲁地区(英格兰、美国、新西兰)、北欧(芬兰、瑞典)、拉丁欧洲地区(西班牙、法国)、日耳曼欧洲(荷兰、瑞士)、撒哈拉以南非洲地区(津巴布韦)、亚洲儒家家族群(日本)等地区(国家),在不确定性规避方面的得分相对较低。这些地区的不确定性规避文化倾向较低,即更愿意接受风险和未知因素,更加灵活和开放。这些比较揭示了不同社会在面对不确定性时的文化倾向差异,为我们理解文化对行为和决策的影响提供了有益的见解。

在不确定性规避程度较高的国家,人们的行为普遍比较保守,不敢放弃已经习惯的行为。在领导行为方面,缺乏灵活性,领导方式相对较为僵化,受限于规章制度的约束。在得分较低的国家,人们通常不会受到习惯性行为的过度约束,更愿意不断创造和更新自己的行为。这种文化倾向差异也在领导风格和决策模式上产生了深远的影响。

2.未来取向

未来取向(Future Orientation,简称FO)是全球文化维度调查项目中的一个文化维度,用于衡量社会是否倾向于提倡长远观点,以及个人在多大程度上从事面向未来的行为。这个维度反映了集体是否鼓励和奖励人们做出未来导向的行为。具体来说,它涵盖了计划性、延迟满足以及对未来的投资等方面。在这一维度中,得分高表示社会鼓励和奖励个人采取面向未来的行为,而得分低则意味着社会更强调眼前利益和短期满足。这个维度揭示了不同社会对待未来的态度和文化倾向,对于理解人们的行为和决策方式具有重要意义。

通过研究发现未来取向倾向性高和低的社会集群分别具有以下特征。

未来倾向性较高的社会集群的特征:

- 人们会为了未来的工作与生活幸福,进行长期储蓄。
- 人们工作是为了实现长期目标,获得人生的成就感。
- 社会组织往往具有较强的灵活性和适应性。
- 人们通常会将获得物质方面的成功与精神方面的满足看作一个整体。

未来倾向性较低的社会集群的特征:

- 人们更倾向于为了满足目前的需求而消费,而不会为了未来的生活进行长期储蓄。
- 人们工作是为短期目标实现。
- 社会组织稳定性较强,缺乏灵活性和适应性。
- 人们认为获得物质方面的成功与精神方面的满足不能看作一个整体,很多时候会对物质与精神方面的付出与回报进行权衡与选择。

根据全球文化维度研究项目的结果,本书总结了具有代表性的22个国家(地区)在未来取向方面的倾向性实践与价值观得分。如表2-9所示,不同地区在未来取向的实践和价值观上存在一定的差异。

表2-9 全球文化维度社会集群22个国家未来取向(FO)实践与价值观得分

社会集群	地区	FO实践得分	FO价值观得分
盎格鲁	英格兰	4.28	5.06
	美国	4.15	5.31
	新西兰	3.47	5.54
北欧	芬兰	4.24	5.07
	瑞典	4.39	4.89
东欧	俄罗斯	2.88	5.48
	希腊	3.40	5.19
拉丁欧洲	西班牙	3.51	5.63
	法国	3.48	4.96
日耳曼欧洲	荷兰	4.61	5.07
	瑞士	4.73	4.79
拉丁美洲	巴西	3.81	5.69
	墨西哥	3.87	5.86
撒哈拉以南非洲	尼日利亚	4.09	6.04
	津巴布韦	3.77	6.07
中东	埃及	3.86	5.80
	摩洛哥	3.26	5.85
南亚	印度	4.19	5.60
	泰国	3.43	6.20
亚洲儒家家族群	中国	3.75	4.73
	日本	4.29	5.25
	新加坡	5.07	5.51

资料来源:根据豪斯等人(House R et al., 2022)整理。

在盎格鲁地区(英格兰、美国)、北欧地区(芬兰)、日耳曼欧洲地区(荷兰)、撒哈拉以南非洲地区(尼日利亚、津巴布韦)、南亚地区(印度、泰国)、亚洲儒家家族群地区(新加坡、日本)等地区(国家),未来取向的实践与价值观得分相对较高,这些地区具有较强的未来取向倾向性。人们在这些地区更加注重长远规划、投资未来以及延迟满足。

相反,在北欧地区(瑞典)、东欧地区(俄罗斯、希腊)、拉丁欧洲地区(西班牙、法国)、拉丁美洲(巴西、墨西哥)、中东地区(埃及、摩洛哥)等地区(国家),未来取向的实践与价值观得分相对较低,这些地区的未来取向倾向性趋于中等水平。人们在这些地区可能更加关注眼前的利益和短期满足。

研究发现,霍夫斯泰德的长期导向与短期导向文化维度与全球文化维度的未来取向维度存在一定相似性。这表明在某种程度上,这两种测量方法可能在揭示不同文化中人们对未来的态度和行为方向上有一定的重叠。然而,值得注意的是,具体维度间的分数差异还是存在,这或许反映了各自测量方法的不同侧重和独特性。

在全球文化维度研究项目中,盎格鲁地区(美国、英格兰)的得分较高,显示出较强的未来取向倾向性,即更强调长远规划和未来导向的行为。然而,亚洲儒家家族群地区(中国)在未来取向方面得分趋于中等,显示出一种相对中等程度的未来取向倾向性。这似乎与霍夫斯泰德的长期导向与短期导向文化维度调查结果有所不同,因为在霍夫斯泰德的调查中,中国被认为具有较强的长期导向倾向性,而美国和英格兰则具有较强的短期导向倾向性。例如:在中国,人们可能习惯做长远的计划和目标,无论是在个人生活还是职业发展方面。以下是一些典型的例子,突显了中国的未来取向文化。

(1)家庭规划和教育:在中国,家庭通常会着重规划孩子的教育和未来。父母可能会为孩子的教育投资提前做好长远计划,包括选择学校、培训课程等。这种未来取向的文化可以追溯到中国古代的家族价值观。

(2)储蓄和投资:中国人普遍重视储蓄和投资,以确保未来的财务安全。许多人会努力积累财富,为退休或紧急情况做好准备。这种长远规划的思维方式在中国社会中很常见。

(3)职业发展:在职场中,中国人可能会制定长期的职业规划,努力提升自己的技能和知识,以便在未来能够取得更大的成功和进步。个人在职业决策中通常会考虑长期的发展前景。

(4)企业文化:许多中国企业着眼于长期的增长和持续竞争力。他们可能会投资研发、创新和市场拓展,以保持在全球市场上的领先地位。

综上所述,中国的未来取向文化体现了人们对长远目标和长期规划的强烈重视。这种文化倾向对于中国社会的各个层面,从个人到家庭、从职业到商业,都产生了深远的影响。

本书对此进行了深入的分析后认为,未来导向与长期导向在定义上有相似之处,但也存在一些差异。这可能是因为调查范围、时间跨度以及研究方法的不同所致。长期导向涉及对过去、现在和未来三个时间段的调查,而全球文化维度项目在未来取向维度中更注重社会对人们未来行为的鼓励和奖励程度,可能在某种程度上限制了测量结果的全面性。

这个差异也可以解释为不同研究方法在不同文化维度上的侧重点不同所导致的。此外,不同国家(地区)的文化和社会背景也会影响人们对未来的态度和行为,因此在不同的文化背景下,同一维度的测量结果可能会有所不同。

在接下来的章节中,本书将进一步探讨跨文化理论的差异,以便更深入地理解不同文化在行为和决策方面的影响。

3.权力距离

权力距离(Power Distance,简称PD)是全球文化维度调查项目中的一个重要维度,用于衡量社会或组织成员对权力不平等分配的期望和接受程度。这一维度探究了人们在权力分配方面的文化倾向。与霍夫斯泰德的权力距离价值观指数类似,权力距离维度关注权力在社会结构中的分布。

在权力距离较大的国家地区,人们普遍对权力不平等的接受程度较低,上下级之间的层次分明,上级享有特权和社会地位,下属对上级的决策和命令往往不予反驳,以示对上级的尊重和服从。这种社会中权力集中在少数人手中,决策通常由上级制定并传达给下属。

相比之下,在权力距离较小的国家地区,人们更倾向于接受权力的平等分配,上下级之间的地位相对平等,决策过程更为开放和协商。下属通常更容易与上级沟通,并直接提出中肯的意见。在这些社会中,权力分散,决策通常通过讨论和共识达成。

在全球文化维度调查项目的调查结果中,权力距离倾向性高和低的社会集群具有一些共同的特征。这些特征可以帮助我们更好地理解不同文化对权力分配和层级关系的态度。

高权力距离倾向性的社会的特征:
- 在高权力倾向性的社会通常会划分等级。
- 高权力社会下人们通常高度遵守社会秩序和权力的约束。
- 社会的上层流动是有局限性的。
- 社会上层的资源的是提供给少数人使用的。
- 信息具有本地化和储存性的功能。

低权力距离倾向的社会的特征:
- 在低权力距离定倾向性社会,中产阶级是一个庞大的主体。
- 社会的上层流动比较普遍。
- 社会上层的资源使用范围更广。
- 信息具有广泛的共享性。

根据全球文化维度研究项目的结果,本书归纳了来自十大社会集群中具有代表性的22个国家(地区)在权力距离方面的倾向性实践与价值观得分。如表2-10所示,盎格鲁地区的代表国家(如新西兰)、北欧地区(如芬兰)、东欧地区(如俄罗斯)、撒哈拉以南非洲地区(如尼日利亚、津巴布韦)、南亚地区(如印度、泰国)、亚洲儒家家族群地区(如新加坡、日本)等,其在权力距离实践与价值观方面的综合得分相对较高,这代表了这些地区在权力距离方面的倾向性较大。而盎格鲁地区的代表国家(如英格兰、美国)、东欧地区(如希腊)、拉丁欧洲地区(如西班牙、法国)、拉丁美洲地区(如巴西、墨西哥),以及中东地区(如埃及、摩洛哥)在权力距离实践与价值观方面的综合得分相对较低,表明这些地区在权力距离方面的倾向性较小。

表2-10 全球文化维度社会集群22个国家权力距离(PD)实践与价值观得分

社会集群	地区	PD实践得分	PD价值观得分
盎格鲁	英格兰	5.15	4.27
	美国	4.88	4.20
	新西兰	4.89	4.81
北欧	芬兰	4.89	4.63
	瑞典	4.85	5.22
东欧	俄罗斯	5.52	4.50
	希腊	5.40	3.25
拉丁欧洲	西班牙	5.52	3.85
	法国	5.28	3.93
日耳曼欧洲	荷兰	4.11	4.46
	瑞士	4.90	4.06
拉丁美洲	巴西	5.33	3.83
	墨西哥	5.22	4.06
撒哈拉以南非洲	尼日利亚	5.80	4.14
	津巴布韦	5.67	4.12
中东	埃及	4.92	4.50
	摩洛哥	5.80	3.87
南亚	印度	5.47	4.38
	泰国	5.63	4.03
亚洲儒家家族群	中国	5.04	4.77
	日本	5.11	5.19
	新加坡	4.99	4.90

资料来源：根据豪斯等人(House R et al., 2022)整理。

在权力距离较小的国家，下属与上级之间的依赖程度较低，同时上下级之间的情感差距也较小。因此，在这些国家中，下属更容易坦诚地表达自己的意见，即使他们的看法与上级不同。相比之下，在权力距离较大的国家，下属往往习惯于听从上级的指示,特别是当下属与上级意见相左时,他们更倾向于保持沉默,不愿意直接表达自己的真实看法。这些差异反映了不同社会文化中的个体对权力和层级关系的态度,对于组织内部沟通和决策方式的影响十分重要

4.社会集体主义

社会集体主义(Institutional Collectivism,简称IC)是全球文化维度研究项目中的一个维度,用于衡量社会和组织实践中是否鼓励和奖励资源的集体分配和集体行动。在这一维度中,关注的是团队合作、资源共享以及个人是否愿意为集体利益而做出牺牲。具体来说,在这个维度下,得分高意味着社会和组织倾向于强调集体利益,鼓励成员为团队的整体利益做出牺牲,甚至要求个人放弃一些个人利益来维护团队的整体繁荣。

在全球文化维度调查项目中,团队调查了与社会集体主义有关的一些主题,比如"领导团队是否鼓励成员对集体表现出忠诚,以及在必要时是否要求成员为了团队整体的利益而放弃个人的利益"。这个维度揭示了不同社会文化对集体行动、团队合作和个人利益与集体利益之间关系的态度和倾向,对于理解组织内部的协作和协调机制以及领导行为方式具有重要意义。

在社会集体主义维度中,高度社会集体主义与低社会集体主义分别具有以下特征。

高度社会集体主义的特征:

- 集体成员认为他们与自己所属组织行为与价值观存在高度相互依赖性。
- 领导鼓励成员对团队忠诚,即使牺牲对个人目标的追求。
- 社会的经济制度倾向于集体利益的最大化
- 团队成员的奖励由成员的资历、个人需求和团队内部的公平程度所决定。
- 团队具有集体的关键决策权。

低社会集体主义的特征:

- 社会中的成员认为他们与组织在很大程度上是相互独立的。
- 领导鼓励成员追求个人目标实现,甚至可以牺牲对集体目标的忠诚为代价。
- 社会的经济制度更倾向于使团队成员个人利益最大化。
- 个人具有关键时刻的决策权。

根据全球文化维度研究项目的结果,本书总结了十大社会集群中具有代表性的 22 个国家(地区)在社会集体主义的倾向性实践与价值观方面的得分,具体情况如表 2-11 所示。

表 2-11 全球文化维度社会集群 22 个国家社会集体主义(IC)实践与价值观得分

社会集群	地区	IC 实践得分	IC 价值观得分
盎格鲁	英格兰	3.72	4.31
	美国	4.17	4.17
	新西兰	4.32	4.20
北欧	芬兰	3.96	4.11
	瑞典	4.10	3.94
东欧	俄罗斯	3.94	3.89
	希腊	3.34	5.40
拉丁欧洲	西班牙	3.32	5.20
	法国	3.40	4.86
日耳曼欧洲	荷兰	3.86	4.55
	瑞士	3.60	4.69
拉丁美洲	巴西	3.66	5.62
	墨西哥	3.98	4.92
撒哈拉以南非洲	尼日利亚	4.10	5.03
	津巴布韦	4.45	4.87
中东	埃及	4.73	4.85
	摩洛哥	4.19	5.00
南亚	印度	4.57	4.71
	泰国	4.81	5.10
亚洲儒家家族群	中国	4.36	4.56
	日本	4.30	3.99
	新加坡	3.49	4.55

资料来源:根据豪斯等人(House R et al., 2022)整理。

在东欧地区(希腊)、拉丁欧洲地区(西班牙、法国)、拉丁美洲地区(巴西、墨西哥)、撒哈拉以南非洲地区(尼日利亚、津巴布韦)、中东地区(埃及、摩洛哥)、南亚地区(印度、泰国)以及亚洲儒家家族群地区(中国、新加坡)等地区(国家),社会集体主义的实践与价值观综合得分相对较高。这些地区在鼓励和奖励资源的集体分配以及集体行动方面表现出较强的倾向性,强调个体为了团队整体利益可能需要做出牺牲。

相反,在盎格鲁地区(英格兰、美国)、北欧地区(芬兰、瑞典)、东欧地区(俄罗斯)、日耳曼欧洲地区(荷兰、瑞士)以及亚洲儒家家族群地区(中国、日本、新加坡)等地区(国家),社会集体主义的实践与价值观综合得分相对较低。这些地区(国家)在强调个体利益与自主性方面较为突出,相对较少强调集体分配和集体行动。这些比较揭示了不同社会对待集体行动和个体自主的态度差异,为我们理解不同文化中的团队合作和个人责任感提供了有益的见解。

在社会集体主义倾向性较高的地区(国家),人们普遍认同国家的利益高于个人的利益,强调整体利益胜于个人追求。在这种文化背景下,个人的成功被视为集体的成功,而个体的荣誉感往往与国家和集体的形象紧密联系在一起。这种价值观影响了各个领域,体现在社会行为和个人行为中。

例如,在全球范围内的奥运会等竞技比赛中,中国运动员通过日复一日的辛勤训练、教练的专业指导、国家提供的支持等,在每一届奥运会上都取得了令人骄傲的成绩。这些成绩和国家的支持是密不可分的,个人的努力与国家的形象紧密交织在一起。在比赛过程中,运动员常常牢记着"为国争光"的口号,将自己的荣誉与成就与国家的声誉相联系。这样,他们不仅代表自己,更代表着整个国家和人民,成为国家荣誉的象征。

奥运会结束后,中国的奥运委员会会授予获奖运动员丰厚的物质奖励和精神奖励,同时,运动员的家乡政府也会给予一定的奖励。在这个时候,许多运动员选择将一部分奖金甚至奖牌捐赠给需要帮助的人,例如希望小学、社会福利院,以及遭受自然灾害的地区,以表达他们的感恩之情。这种无私奉献的精神体现了个人与集体、国家紧密相连的情感。

以中国乒乓球冠军邓亚萍为例,她取得过18个世界冠军,是中国第一个奥运会、世乒赛、世界杯单打大满贯冠军。在退役后,她热心于公益事业,参与多项公益活动,包括献血、防艾、节水等,并成为中国奥运健儿为社会公益事业捐款的第一人。她组织成立了中国十佳劳伦斯冠军委员会,并发起"慈善光明行"救助贫困学子。她的慈善行为受到了媒体和公众的高度关注,被评为"2009年十大公益新闻人物"。

这些事例充分展示了在社会集体主义倾向性较高的地区,人们视个人的荣誉和成功为国家的光荣,将个人的利益融入整体中,表现出对国家和社会的无私奉献精神。这种价值观在各个领域都起到了凝聚力和动力的作用。

然而,在社会集体主义倾向性较低的地区(国家),比如美国的奥运会运动员,他们倾向于将自己的参与比赛视为个人的独立选择。当他们在奥运会上取得卓越成绩时,往往将这些成就与个人的努力紧密联系,而不强调这代表着国家的荣誉。因此,在表达获奖感言时,他们通常首先感谢自己的父母、教练以及身边的支持者,强调这些人在备赛期间的付出与支持。

在社会集体主义倾向性较低的地区,运动员在赛后会获得来自国家的物质和精神奖励,他们会欣然接受这些奖励,因为他们认为这是基于他们的个人成绩而应得到的回报。同时,如果在比赛中失利,他们也会将失败归因于个人练习不足,动作不够熟练,或是没有在比赛中发挥出色。他们通常会从个人的角度思考比赛结果,而不会过分强调自己的行为对国家荣誉的影响。

这种思维方式在社会集体主义倾向性较低的地区根深蒂固,是长期以来社会文化和价值观的积淀。在这些地区,个人主义和自我价值被重视,而将个人成就与国家利益相关联的情感不如在集体主义倾向较高的地区那样强烈。

综上所述,在不同社会集体主义倾向性的地区,人们的价值观和行为模式会受到社会文化的影响,从而在奥运会等大型赛事中呈现出不同的态度和表现。

5.人性导向

人性导向(Humane Orientation,简称HO)是全球文化维度调查项目中的一个维度,用于衡量社会或组织是否鼓励和奖励公平、友好、无私、关心、慷慨和善良的行为。这一维度反映了一个社会对待他人的态度和文化倾向,以及是否鼓励人们彼此关心和互助。

根据全球文化维度研究项目的结果,人性导向倾向性较高的社会或国家在许多方面呈现共同特征。这些特征可能包括：

(1) 关注他人的福祉：在人性导向较高的社会，人们更倾向于关心他人的幸福和福祉，而不仅仅是自身利益。他们可能更愿意为需要支持的人提供帮助，分享资源。

(2) 公平和友好：社会成员可能更注重公平和友好的行为，尊重他人的权利和尊严。这种社会中的成员可能更容易对他人的错误行为持包容和宽容的态度。

(3) 无私和善良：在人性导向倾向性较高的社会，人们可能更强调无私和善良的价值观，更愿意为他人着想，而不仅仅是追求个人利益。

(4) 社会凝聚力：人性导向倾向性较高的社会可能更具有社会凝聚力，人们之间的联系更紧密，社会的共同利益更容易得到认同和支持。

(5) 互助和合作：在这样的社会中，人们可能更愿意互相合作，共同解决问题，共享资源，以实现更大的共同利益

总的来说，人性导向的文化倾向强调人与人之间的情感联系和互助精神，鼓励人们在社会中表现出友好、慷慨和善良的行为。这种倾向对于社会的凝聚力和和谐关系具有积极的影响。

根据全球文化维度研究项目的结果，人性导向社会在不同地区（国家）体现出不同的实践与价值观得分，如表2-12所示。

表2-12 全球文化维度社会集群22个国家人性导向（HO）实践与价值观得分

社会集群	地区	HO 实践得分	HO 价值观得分
盎格鲁	英格兰	4.08	5.43
	美国	4.49	5.53
	新西兰	4.72	4.49
北欧	芬兰	3.81	5.81
	瑞典	3.72	5.65
东欧	俄罗斯	3.39	5.59
	希腊	3.20	5.23
拉丁欧洲	西班牙	4.01	5.69
	法国	4.11	5.67

续表

社会集群	地区	HO 实践得分	HO 价值观得分
日耳曼欧洲	荷兰	4.32	5.20
	瑞士	4.94	5.54
拉丁美洲	巴西	4.04	5.68
	墨西哥	4.10	5.10
撒哈拉以南非洲	尼日利亚	3.92	6.09
	津巴布韦	4.24	5.19
中东	埃及	4.27	5.17
	摩洛哥	3.99	5.51
南亚	印度	4.25	5.28
	泰国	3.93	5.01
亚洲儒家家族群	中国	4.45	5.32
	日本	4.22	5.41
	新加坡	4.90	5.79

资料来源:根据豪斯等人(House R et al.,2022)整理。

人性导向较高的社会地区的实践与价值观综合得分相对较高,反映了较高的人性导向倾向。英格兰和美国等盎格鲁地区以关爱他人、友善无私著称。北欧的芬兰与瑞典深刻理解人性导向价值观,追求社会公平与人际友好。拉丁欧洲和日耳曼欧洲同样注重人性关怀与尊重他人权利。拉丁美洲、撒哈拉以南非洲、中东和南亚等地也展现出对弱势群体的关心和帮助,友善与慷慨广受赞誉。在儒家文化熏陶下的中国、日本和新加坡,人们不仅秉持高尚的人性导向价值观,更在实践中注重维护社会关系和互助精神,尊重他人需求。这些地区虽然各具特色,却都在追求人性价值与社会和谐的道路上展现了坚定决心和不懈努力。

人性导向较低的社会地区的人性导向实践与价值观得分相对较低,相对强调权力、个人的物质需求和未来发展。这些地区包括:

● 东欧地区(俄罗斯、希腊):在这一地区,社会更强调权力和个人利益,相对较少关注公平、友好和无私的行为。

● 南亚地区(泰国):在泰国,人性导向的实践与价值观得分相对较低,社会更注重个人的物质需求和发展。

综上所述,人性导向的社会地区强调关心、友好、无私、善良等行为,尤其关注弱势群体的需求。这一文化倾向在不同地区体现出不同的程度,对于理解不同社会的价值观和行为方式具有重要意义。

6.绩效导向

绩效导向(Performance Orientation,简称 PO)是一个用来衡量社会或组织是否鼓励并奖励团队成员追求卓越绩效和出色表现的文化维度。在全球文化维度项目中,与绩效导向相关的主题之一是"鼓励在校的学生通过不断的努力提高学习成绩"。

这一维度反映了一个社会对于成就、卓越和绩效的价值观和态度。在绩效导向较高的社会中,个人和团队会被激励和奖励,以追求更高的绩效水平和卓越表现。这可能体现在教育和工作等多个领域,强调个人和团队的努力和成就。相反,在绩效导向较低的社会中,可能更注重其他价值观,如个人的幸福感、生活和人际关系的平衡。在这些社会中,可能会将绩效和卓越视为次要的,并且不会特别强调通过努力和竞争来追求更高的绩效水平。

全球文化维度项目通过调查不同社会的价值观和文化倾向,揭示了不同社会对于绩效导向的态度和行为习惯。这有助于我们理解不同文化之间的差异,以及这些差异如何影响个人和团队在各种环境中的表现和行为。高绩效导向社会与绩效导向较低的社会分别具有以下特征。

高绩效导向的社会的特征:

- 社会重视人们的职业培训和发展。
- 社会强调价竞争价值。
- 社会对组织的有效反馈是提高绩效的必要的条件。
- 社会重视个人做的事情的结果,而这个人是谁不重要。
- 社会希望组织和个人有直接、有效的沟通。

绩效导向较低的社会的特征:

- 社会重视社会与个人家庭之间的关系。
- 社会强调组织与环境的和谐共存发展。
- 社会对组织的有效反馈被认为是批判性的,让人感到不安。

- 社会普遍认为重视一个人比他所做的事情更重要。
- 社会希望组织与个人之间有间接、委婉的沟通。

根据全球文化维度研究项目的结果,可以总结十大社会集群中的具有代表性的 22 个国家(地区)的绩效导向社会的实践与价值观得分,如表 2-13 所示。

表 2-13 全球文化维度社会集群 22 个国家绩效导向(PO)实践与价值观得分

社会集群	地区	PO 实践得分	PO 价值观得分
盎格鲁	英格兰	4.08	5.90
	美国	4.49	6.14
	新西兰	4.72	5.90
北欧	芬兰	3.81	6.11
	瑞典	3.72	5.80
东欧	俄罗斯	3.39	5.54
	希腊	3.20	5.81
拉丁欧洲	西班牙	4.01	5.80
	法国	4.11	5.65
日耳曼欧洲	荷兰	4.32	5.49
	瑞士	4.94	5.82
拉丁美洲	巴西	4.04	6.13
	墨西哥	4.10	6.16
撒哈拉以南非洲	尼日利亚	3.92	6.27
	津巴布韦	4.24	6.45
中东	埃及	4.27	5.90
	摩洛哥	3.99	5.76
南亚	印度	4.25	6.05
	泰国	3.93	5.74
亚洲儒家家族群	中国	4.45	5.67
	日本	4.22	5.17
	新加坡	4.90	5.72

资料来源:根据豪斯等人(House R et al.,2022)整理。

所有这些国家(地区)在绩效导向的价值观得分方面都普遍高于5.0分,处于较高水平。通过综合考虑表中列出的国家(地区)的实践与价值观得分,可以发现以下情况:

在盎格鲁地区(英格兰、美国、新西兰)、拉丁欧洲地区(西班牙、法国)、日耳曼欧洲地区(荷兰、瑞士)、拉丁美洲地区(巴西、墨西哥)、撒哈拉以南非洲地区(津巴布韦)、中东地区(埃及)、南亚地区(印度)以及亚洲儒家家族群(中国、日本、新加坡)等地区(国家),绩效导向的实践与价值观得分相对较高。这些社会地区的人们在日常工作、学习和生活中表现出强烈的主动性和自信心,注重时间管理,积极追求卓越绩效。

然而,在北欧地区(芬兰、瑞典)、东欧地区(俄罗斯、希腊)、撒哈拉以南非洲地区(尼日利亚)、中东地区(摩洛哥)以及南亚地区(泰国)等国家(地区),绩效导向的实践与价值观得分相对较低。在这些社会地区,人们往往将其他方面的事情置于工作绩效之上,可能更倾向于找借口来解释问题,而不如其他地区那样强调工作的卓越表现。

这些结果展示了不同社会文化中对绩效导向的态度和实践的差异,有助于我们理解各个社会地区在工作、学习和生活方面的价值观和行为习惯。

7.群体内集体主义

群体内集体主义(In-group Collectivism,简称IG)是一个衡量文化差异的维度,它考察了个体在群体内部的忠诚度、对群体的归属感以及与群体成员之间的亲密关系。这个维度的研究对于理解人们如何看待群体和组织,以及他们与领导者的关系等方面具有重要意义。在全球文化维度项目中,与群体内集体主义相关的一个调查主题是"员工对所在组织是否高度忠诚"。

研究群体内集体主义可以帮助我们了解不同文化中个体与群体关系的不同方式。在一些文化中,个体可能更强烈地与群体或组织产生情感上的联系,表现出对群体的忠诚和归属感。这种情况下,员工可能更容易对领导者产生推崇,因为他们将领导者视为群体的代表,对其有着高度的尊重和信任。

然而,在另一些文化中,个体可能更加强调个人的独立性和自主性,对群体的忠诚度较低,更注重个人的发展和成就。在这种情况下,员工可能对领导者的影响和领导风格产生不同的反应。

研究群体内集体主义可以揭示不同文化中个体与群体之间的关系模式,从而为组织管理和领导实践提供有价值的洞察。这种跨文化的研究有助于我们更好地理解员工的态度、行为和情感,以及如何在不同文化背景下有效地进行领导和管理。

在群体内集体主义社会中也具有一些共同的特征。

群体内集体主义倾向性较高的社会特征:

- 人们认为自己承担的责任和义务是践行社会行为的重要的决定因素。
- 群体以内的成员和群体以外的成员之间有很大的区别。
- 人们强调自己与群体的相关性,比较感性。
- 人们认为爱情在婚姻中的比重不大。

群体内集体主义倾向性较低的社会特征:

- 人们认为个人的需求和态度是践行社会行为的决定因素。
- 群体以内的成员和群体以外的成员之间几乎没有区别。
- 人们强调自己行为的理性。
- 人们认为爱情在婚姻中有较大的比重。

根据全球文化维度(GLOBE)研究项目的结果,本书对具有代表性的22个国家(地区)的群体内集体主义实践与价值观得分进行了总结。如表2-14所示,所有地区(国家)在群体内集体主义的价值观得分都在5.0分以上,普遍表现出较高水平。然而,调查的社会实践得分略有不同。

表 2-14　全球文化维度社会集群 22 个国家群体内集体主义(IG)实践与价值观得分

社会集群	地区	IG 实践得分	IG 价值观得分
盎格鲁	英格兰	4.08	5.55
	美国	4.25	5.77
	新西兰	3.67	6.21
北欧	芬兰	4.07	5.42
	瑞典	3.66	6.04
东欧	俄罗斯	5.63	5.79
	希腊	5.27	5.46
拉丁欧洲	西班牙	5.45	5.79
	法国	4.37	5.42
日耳曼欧洲	荷兰	3.70	5.17
	瑞士	3.97	4.94
拉丁美洲	巴西	5.18	5.15
	墨西哥	5.71	5.95
撒哈拉以南非洲	尼日利亚	5.55	5.48
	津巴布韦	5.57	5.85
中东	埃及	5.64	5.56
	摩洛哥	5.87	5.68
南亚	印度	5.92	5.32
	泰国	5.70	5.76
亚洲儒家家族群	中国	5.80	5.09
	日本	4.63	5.26
	新加坡	5.64	5.50

资料来源:根据豪斯等人(House R et al.,2022)整理。

综合分析表中列出的地区(国家)的实践与价值观得分,可以看出,盎格鲁地区(英格兰、美国、新西兰)、北欧地区(芬兰、瑞典)、东欧地区(俄罗斯、希腊)、拉丁欧洲地区(西班牙、法国)、拉丁美洲地区(巴西、墨西哥)、撒哈拉以南非洲地区(尼日利亚、津巴布韦)、中东地区(埃及、摩洛哥)、南亚地区(印度)以及亚洲儒家家族群（中国、日本、新加坡）等群体内集体主义倾向性较高的社会地区，在群体内集体主义的实践与价值观的综合得分方面表现较高。这些社会地区的人们更注重所在群体内部的关系，对所在群体感到自豪，并在群体中建立较为情感化的联系。

与此相反，盎格鲁地区（新西兰）、北欧地区（芬兰、瑞典）以及日耳曼欧洲（荷兰、瑞士）等地区在群体内集体主义的实践与价值观的综合得分方面相对较低。这些社会地区的人们相对不太依赖群体组织，更注重理性情感，特别在家庭中更加强调爱情的重要性。

在群体内集体主义倾向性较高的社会，个体通常认为他们的社会行为受到群体影响，自身的决策会受到群体的制约。这是因为个体在这些社会中对所在群体具有较高的依赖性。以亚洲（如韩国、日本）等地区为例，家庭对个体的教育和培养非常重要。个体的一生中重要的决定，诸如学业、职业、婚姻等，常常由父母代办，导致个体在这些方面的选择受到家庭影响，形成了较强的群体依赖感。

在这些社会中，个体在成长过程中会与父母同住，甚至在结婚之前也继续与父母同居。父母会在各个关键决策方面提供帮助，如大学专业、工作选择、婚姻伴侣等。这些决策往往需要经过父母的同意和支持，以确保符合家庭的期望和价值观。这种情况导致许多年轻人在成年后仍与父母同住，生活中的方方面面都受到父母的照顾，甚至连婚姻和子女的抚养也受到家庭的影响和干预，从而被称为"啃老"。

这种现象凸显了群体内集体主义社会中个体对家庭和群体的依赖性较高，个人的决策往往受到更大范围的社会影响，强调了个体与群体之间紧密的联系和亲密关系。这也反映了这些社会的价值观和文化传统，将群体的利益和亲情关系放在个体选择和决策的前面。

在群体内集体主义倾向性较低的社会，个体更加强调个人行为的独立性。在这些社会中，个体认为自己应对自己的行为负责，对于群体内外的人并没有较大区别。例如，北欧地区如芬兰以及日耳曼欧洲地区，如德国，这些社会的家庭通常鼓励孩子在较小的年龄就开始做出独立选择，父母很少干涉孩子的决定。即使孩子做出错误的决定，父母也会让他们自己承担错误带来的后果，以帮助孩子培养独立决策能力。长此以往,孩子们逐渐培养了独立思考和行动的能力,不容易受到外界的影响。

在这些社会中,年轻人在18岁成年后,即使没有成家,也会独立居住,租房子与同学一起生活,他们会通过做零工来维持自己的生活费用。他们在工作和学习中的经历和情感,会与父母分享,也会与室友、朋友、同事分享。他们认为,与家庭群体外的人分享快乐和悲伤并无大碍,因为他们不太看重群体内外的差异。

在这些社会中,虽常常与父母分享情感生活,但父母很少干涉个体的行为。他们相信,构建幸福家庭的前提是两个人之间有深厚的爱情。他们坚信婚姻应该是爱情的天堂,是爱情的终点,如果婚姻中失去了爱情,就失去了婚姻的真正意义。在这些社会中,个体强调个人独立性和自主性,注重在家庭和群体之外建立更多的人际关系和情感联系。

8.性别平等

性别平等(Gender Equality,简称GE)是衡量一个社会或组织是否在最大程度上减少性别角色差异和性别歧视的标准。在社会中,常常用性别来刻画某些特征,例如温柔、善良、乐于助人等往往与女性相关联,而坚决、果断和勇敢则被视为男性所应具备的特质。这一维度也能成功预测领导在组织成员心目中所受推崇的领导特征。在研究过程中,一个关键题目是"社会是否倾向于认为男性更应该获得较高的学历,受到更好的教育"(反向问题,双向选择)。

性别平等维度衡量了社会中性别角色的塑造以及是否存在性别歧视。这不仅关系到个人自由,还与社会的发展和进步紧密相关。在一些社会中,性别角色被过度强调,导致对特定特质的错误假设,限制了个体的发展。例如,将某些特质与特定性别相关联,可能会限制人们发展和选择的多样性。在高度性别平等的社会,个体能够根据自己的兴趣和能力追求不同的特质,而不受性别刻板印象的束缚。

此外,性别平等也在组织中具有重要意义。在领导领域,社会中性别平等的程度可以影响领导者所受推崇的领导特质。如果一个社会强调性别平等,人们更可能在领导者中看到广泛多元的领导风格和特征,而不是局限在传统的性别角色刻板印象中。高度性别平等倾向性的社会与较低性别平等的社会在以下特征上

存在明显的区别:

(1)性别角色和特质的模糊性:高度性别平等的社会往往更加模糊性别角色和特质的界限。人们不再将某些特质与特定的性别联系在一起,而是认为这些特质可以存在于任何性别中。例如,温柔、坚决、善良、果敢等特质不再被限定为某一性别的专属。

(2)教育和职业机会均等:在高度性别平等的社会,男性和女性享有均等的教育和职业机会。不论性别,个体都可以追求自己的兴趣和职业目标,不受性别角色的限制。女性在科学、技术、工程和数学领域也能够获得同等机会。

(3)领导角色的多样性:高度性别平等的社会中,领导角色不再受到性别的限制。女性有机会在各个领域担任领导职务,包括政治、商业、学术等。人们普遍认可领导能力与性别无关。

(4)家庭和职业的平衡:在高度性别平等的社会,男性和女性在家庭和职业之间的角色分配更加平衡。家务和育儿责任在家庭成员之间更加均等分配,不再被视为女性的专属职责。

(5)法律和政策支持:高度性别平等的社会通常有健全的法律和政策来保护性别平等。这些法律不仅涵盖就业和教育领域,还包括对性别歧视和性别暴力的严厉打击。

(6)媒体和文化表现:在高度性别平等的社会,媒体和文化更加注重展现多样性的性别角色。电影、电视剧等作品中呈现出的男性和女性形象更加真实和多元化。

因此,高度性别平等的社会致力于打破性别刻板印象和角色分配,鼓励个体追求自己的兴趣和目标,无论性别。在这样的社会中,人们更加注重个体的能力和品质,而不是将其局限在性别角色之内。

根据全球文化维度(GLOBE)研究项目的结果,我们对十大社会集群中具有代表性的22个国家(地区)进行了性别平等的实践与价值观得分总结。详见2-15表,大部分地区(国家)的性别平等价值观和实践得分都在5.0分以下,总体处于较低位置。

表 2-15 全球文化维度社会集群 22 个国家性别平等(GE)实践与价值观得分

社会集群	地区	GE 实践得分	GE 价值观得分
盎格鲁	英格兰	4.15	5.17
	美国	4.55	5.06
	新西兰	3.42	4.23
北欧	芬兰	3.81	4.24
	瑞典	3.38	5.15
东欧	俄罗斯	3.68	4.18
	希腊	4.58	4.89
拉丁欧洲	西班牙	4.42	4.82
	法国	4.13	4.40
日耳曼欧洲	荷兰	4.32	4.99
	瑞士	4.51	4.92
拉丁美洲	巴西	4.20	4.99
	墨西哥	4.45	4.73
撒哈拉以南非洲	尼日利亚	4.79	4.24
	津巴布韦	4.06	4.46
中东	埃及	3.91	3.18
	摩洛哥	4.52	3.74
南亚	印度	3.73	4.51
	泰国	3.64	4.16
亚洲儒家家族群	中国	3.76	3.68
	日本	3.59	4.33
	新加坡	4.17	4.51

资料来源:根据豪斯等人(House R et al., 2022)整理。

从综合得分来看,盎格鲁地区(英格兰、美国)、北欧地区(瑞典)、东欧地区(希腊)、拉丁欧洲地区(西班牙、法国)、日耳曼欧洲地区(荷兰、瑞士)、拉丁美洲地区(巴西、墨西哥)、撒哈拉以南非洲地区(尼日利亚、津巴布韦),以及亚洲儒家家族群(新加坡)等地区(国家),在性别平等方面的实践与价值观综合得分相对较高。

这些社会地区普遍倾向于支持女性获得高等教育的权利,女性在组织中拥有较高的决策权和管理权。

相比之下,盎格鲁地区(新西兰)、北欧地区(芬兰)、东欧地区(俄罗斯)、中东地区(埃及、摩洛哥)、南亚地区(印度)等地区的性别平等实践与价值观综合得分相对较低。这些地区倾向于强调男性相对于女性应该享有更多的高等教育权利,在组织中男性普遍具有更高的权威和决策权。

总的来说,这些研究结果表明在某些社会中,性别平等的实践和价值观仍然存在差异。在一些地区,已经取得了一定程度的性别平等,女性在教育和职业方面获得更多机会。而在另一些地区,性别平等仍然受到限制,男性在社会和组织中占据着更为显著的地位。这反映了不同社会对性别平等的不同态度和程度性别平等。在我们生活中的例子比比皆是,例如,1979年,前英国首相、英国右翼政治家撒切尔夫人,她是英国历史上第一位女性首相,也是自19世纪初以来连任最长时间的英国首相。她的政治哲学与政策主张被称为"撒切尔主义",在任首相期间,对英国的社会、经济与文化面貌改变做出较大的贡献。梅夫人继2016年7月成为英国保守党领袖和英国首相,她是继撒切尔夫人之后英国的第二位女首相。她从2010年开始,已担任了英国内政大臣重要决策职务,她掌握着影响英国与欧盟的脱欧谈判关键权力,肩负英国历史责任。

1997年1月,美国总统克林顿宣布奥尔布赖担任美国国务卿一职。在当时的美国,虽然已经改变男女不平等的社会观念,但是传统的观念不是短时间可以纠正过来的。例如,在美国世界500强企业中,只有两家企业是由女性直接领导的,剩余的企业都由男性担任最高的领导。根据最近的统计数据,在美国的政府组织里,女性担任职务的比例约为21%。虽然女性在高级决策层中的代表性有所提高,但她们在担任高级且具有决策权的职务方面仍有待进一步加强。去年3月在奥尔布赖——美国第一位女国务卿领导人去世时,美国政府白宫和其他联邦政府大楼等场地连续四天降半旗,对这位美国女性领导人表示哀悼和缅怀。另一位是继奥尔布莱以后第三位美国女性国务卿领导人希拉里,她是美国第67届国务卿领导人,也是美国民主党总统候选人。她是美国历史上首位代表一个大党参加总统竞选的女性领导人。

9.自信度

自信度(Assertiveness,简称AS)是指在一个社会或组织中,个体在社会关系中展现出的自信、对抗性和侵略性的程度。同时,这个维度也能够测量社会或组织是否鼓励和认可自信、坚定和勇敢的行为。在研究过程中涉及的一个主题是"个人倾向于在社会中扮演主导角色"。

换句话说,这个维度探究了社会或组织中个体表现出的自信、坚定和勇敢程度,以及这种特质是否受到社会认可和鼓励。另一方面,它还考察了个体是否趋向于在社会中起到主导地位的角色。我们可以通过以下特征来辨别自信度高与低的社会特征之间的区别。

(1)表达观点和意见的方式:在自信度高的社会中,个体更倾向于直接而坦率地表达他们的观点和意见。他们愿意为自己的看法辩护,不畏惧与他人产生分歧。相比之下,在自信度较低的社会,个体可能更加谨慎和保守,避免与他人产生冲突。

(2)决策和领导角色:在自信度高的社会中,个体更愿意承担决策和领导角色。他们有信心在各种情况下做出决策,并愿意为实现目标而采取行动。在自信度较低的社会,个体可能更倾向于遵循他人的意见和决策,对自己的能力和见解持怀疑态度。

(3)与他人争论和交涉:在自信度高的社会中,个体更可能在需要时与他人争论或进行交涉,以捍卫自己的权益和观点。他们有信心以及愿意为自己辩护。而在自信度较低的社会,个体可能更倾向于回避冲突,不愿意与他人发生争执。

(4)面对风险和挑战的态度:自信度高的社会个体更愿意面对风险和挑战,相信自己有能力克服困难并取得成功。他们通常更勇于尝试新事物,甚至在面对失败时也会保持乐观。在自信度较低的社会,个体可能更容易被恐惧和不确定性所影响,对未知的事物持怀疑态度。

(5)对自己能力的认知:在自信度高的社会中,个体通常有较强的自我认知,能够客观评估自己的能力和潜力。他们相信自己可以取得成就并克服困难。在自信度较低的社会,个体可能更容易低估自己的能力,对自己的表现持怀疑态度。

这些特征反映了自信度高和低的社会中个体的行为和态度差异,揭示了自信度在社会中的重要作用。

根据全球文化维度(GLOBE)研究项目的结果,本书综合了十大社会群体中具有代表性的 22 个国家(地区)关于自信度的实践与价值观得分,如表 2-16 所示。

表 2-16　全球文化维度社会集群 22 个国家自信实践与价值观得分

社会集群	地区	自信实践得分	自信价值观得分
盎格鲁	英格兰	2.80	3.70
	美国	2.85	4.32
	新西兰	3.53	3.54
北欧	芬兰	2.19	3.68
	瑞典	2.70	3.61
东欧	俄罗斯	2.62	2.83
	希腊	2.39	2.96
拉丁欧洲	西班牙	2.26	4.00
	法国	2.76	3.38
日耳曼欧洲	荷兰	2.45	3.02
	瑞士	2.44	3.21
拉丁美洲	巴西	2.35	2.91
	墨西哥	2.85	3.79
撒哈拉以南非洲	尼日利亚	2.69	3.23
	津巴布韦	2.67	4.60
中东	埃及	3.24	3.28
	摩洛哥	3.11	3.44
南亚	印度	2.64	4.76
	泰国	2.86	3.48
亚洲儒家家族群	中国	3.10	5.44
	日本	2.86	5.56
	新加坡	3.04	4.41

资料来源:根据豪斯等人(House R et al., 2022)整理。

大多数地区(国家)的自信度价值观和实践得分都在5.0分以下,总体来说处于中等以下水平。然而,亚洲儒家家族群地区(包括中国、日本)在自信度价值观得分分别为5.44和5.56。

综合分析表中列出的地区(国家)的实践与价值观等分,可以看出盎格鲁地区(美国)、拉丁欧洲地区(西班牙)、撒哈拉以南非洲地区(津巴布韦)、南亚地区(印度)以及亚洲儒家家族群(中国、日本、新加坡)等地区(国家),在自信度倾向性方面的社会实践与价值观的综合得分相对较高。这些社会地区普遍认同竞争的价值观,个体重视成功和进步,愿意尝试控制环境的变化与发展。

与此相反,盎格鲁地区(英格兰、新西兰)、北欧地区(芬兰、瑞典)、东欧地区(俄罗斯、希腊)、拉丁欧洲地区(西班牙)、日耳曼欧洲(荷兰、瑞士)、拉丁美洲地区(巴西、墨西哥)、中东地区(埃及、摩洛哥)、撒哈拉以南非洲地区(尼日利亚)以及南亚地区(泰国)等地区(国家)的自信度实践与价值观的综合得分相对较低。这些社会地区在自信度方面表现出谦虚和温和的态度,个体之间通常具有和谐的合作关系。

上述研究结果表明不同地区在自信度文化方面的差异,从而揭示了不同文化对个体行为和社会态度的影响。日本是一个在自信度维度上得分较高的国家,这表明在日本社会中,个人倾向于自信、对抗性和勇气。这种高自信度的文化氛围在许多方面都有积极影响。

另一个明显的例子是中国的商业和科技领域。中国以其技术创新和高质量产品而闻名,这种创新精神和对卓越的追求在很大程度上反映了个人和组织的自信心。许多著名的科技公司如华为、腾讯和大疆都源于中国,这些公司以其先进的技术和出色的产品在全球范围内获得了赞誉。

此外,在中国文化中,人们对于追求集体目标和成就感到自豪。这种自信心也在教育领域中得到体现,中国的教育系统强调培养学生的独立思考能力和解决问题的能力,这为培养未来的领导者和创新者创造了有利的环境。

中国社会中的自信度也在社会活动和体育领域中得以体现。例如中国的团队合作和竞技精神,在传统的武术和现代的体育比赛中,参赛者都表现出个人的自信和努力精神。这在国际体育赛事中尤为显著,中国运动员在全球比赛中表现出色,赢得了许多荣誉。

综上所述,中国的高自信度文化为个人和社会带来了积极的影响,促进了创新、竞争力和持续的进步。这些案例表明,自信度高的文化可以在多个领域中鼓励人们敢于追求目标,充满勇气地面对挑战,并不断取得成功。

三、施瓦茨的价值观维度

以色列心理学家、希伯来大学的终身教授,谢洛姆·施瓦茨(Shalom Schwartz)学者多年以来,一直从事全球跨文化领域的研究,发表论文、著作合计110余篇,其中关于价值观研究的成果受到超过8200次引用。施瓦茨认为之前的学者在跨文化领域的研究具有一定的成果,但仍有一些不足的地方,例如,霍夫斯塔德的文化价值观理论提出的6个文化维度,以及豪斯等人全球文化维度(全球领导与组织行为有效性)研究项目提出的9个文化属性理论,基本上是基于数据调查研究所得出的结论,而这些数据在进行收集时没有经过细致的理论指导作为研究基础,所以很有可能遗漏一些较为重要的价值观维度的调查。因此,他认为应该从人类的社会行为动机入手,全面考察价值观对人类个体社会行为的影响,从而对比全球不同文化背景下的人类社会价值观的文化差异性,只有将对社会中个体层面进行的价值观研究作为理论基础,才能进一步在国家层面有效地比较各个社会地区之间的文化差异性。因此,施瓦茨的价值观理论研究,从个人层面的价值观研究开始,对不同国家之间的文化价值观进行比较。

1.个人层面价值观

米尔顿·罗克奇(Milton Rokeach)于1973年进行的价值观调查发现,个体在评估了价值观的重要性之后才会做出行为选择。基于这项调查,施瓦茨(Schwartz)等人于1987年提出了个体和社会生存的三种一般性动机:满足个体基本生存需求的动机(作为生物有机体的个体需求)、协调社会互动需求的动机(作为社会人的基本需求动机)以及使群体得以生存和维护群体利益的动机。

随后,经过多年的理论和实践研究,施瓦茨于1992年推出了施瓦茨价值观调查(SVS-57),该调查旨在绘制全球范围内的价值观地图,以此来识别不同文化群体的特点。这项调查包含了57个价值观项目,并提出了10种文化价值观的理论分类。在调查中,受访者被要求评价每个价值项目的重要性,即"作为我生活中的指导原则"(施瓦茨,1999)。之后,施瓦茨对全球80个国家群体的文化价值取向进行了更新和重新评分。

考虑到社会的重要议题,施瓦茨从国家层面推导出了民族文化的七个维度,并将这些维度分为三组相对的文化维度:依附性与自主性(情感与智力)、等级制度与平等主义、掌握性与和谐性。这些文化维度帮助我们更好地理解不同社会和文化群体之间的价值观差异,以及这些价值观如何影响人们的行为和决策。

施瓦茨和他的团队于1992年、1994年确定了个人层面的十大的价值观理论:权力价值观、成就价值观、刺激价值观、自我导向价值观、传统价值观、仁慈价值观、享乐主义价值观、遵循价值观、普遍主义价值观和安全主义价值观。以上十种价值观的具体信息如表2-17所示。

表2-17 施瓦茨的个人层面价值观

价值观	价值观内容
权力	在等级社会中,有一个明确的社会秩序:一些人的地位较高,而另一些人的地位较低。个体和与社会相关的资源是按等级组织的;社会中的个人被社会化,执行与分配给他们的角色一致的行动,如果他们不遵守,就会受到惩罚。人们接受自己的地位,被期望谦虚,并有适当的自制力。
成就	通过个人的努力在社会上取得一定的成功(有能力、有雄心、有成就、有一定影响力);有能力的;雄心勃勃;有影响的;聪明的。
自我导向	个人是否看重成功,以及他们是否通过自我主张,主动寻求掌握和改变社会秩序,以促进个人利益和他们所属群体的利益。这个社会的特点包括独立、雄心、勇气和能力。
传统	侧重于维持社会秩序,避免变化,保留传统,尊重并接受传统文化和习俗(谦虚、恭敬、慎言、奉献)。
仁慈	在慈善的文化中,每个人都被认为善良的,并应该关心其他人。这个社会的价值观包括正义和关心弱者,平等,诚实,为他人的利益而工作,自愿合作和社会责任。
享乐主义	社会文化注重个人的享受和娱乐的需求满足感(享受幸福生活、快乐工作、沉浸于个人世界)。
遵循	个人对自己想要的东西的控制程度,要遵循社会规则、法律以及需要履行的义务,从而避免打扰或伤害他人。

续表

价值观	价值观内容
激励	社会文化主张冒险、勇于挑战的精神(敢想敢干、挑战有难度的工作、热衷于令人激动的生活)。
普遍主义	社会成员乐于接受和适应他人的方式和意见,而不是寻求自我完美;人们更重视集体而不是个人。这种文化的重要价值观包括世界和平、保护环境和与自然的统一。
安全主义	社会中强调社会关系、避免风险、个人安全、和谐和稳定。在某种环境的安全性(狭义和广义)。

资料来源:根据施瓦茨等人(Schwart et al., 2012)整理。

施瓦茨的价值观理论认为这十种价值观被视为普遍的,因为它们适应了人们存在的三种普遍条件中的一种或多种。这三种普遍条件包括个人作为生物有机体的需求、社会交往和协作的需要,以及对团体生活和幸福的需求。

施瓦茨认为,价值观被构建成一个连续体,每一个扇形代表一个特定的价值观。这些价值观之间并不是独立存在的,而是相互影响和交织的。价值观之间距离越近,表示它们之间联系越紧密,动机类似或者接近;距离较远则表示它们之间的差异较大,动机也不同。

在施瓦茨的文化价值观理论中,存在两个重要的维度来解释这些价值观之间的关系。第一个维度体现了个人追求与个人利益、成功和支配他人的价值观(权力、成就)与关心他人福利和利益的价值观(普遍主义、仁爱)之间的冲突。第二个维度体现了价值观之间的冲突,其中一方强调独立性、自我提升和适应变化(自我导向、刺激),而另一方强调秩序、自我限制、保存过去和抵制变化(安全、遵循、传统)。

尽管这十种价值观在理论上被区分开来,但它们在更基本的层面上形成了相关动机的连续统一体。例如,自我导向和刺激价值观都涉及对新奇和精通的内在兴趣。刺激和享乐主义价值观都包含了对情感愉悦和刺激的渴望。享乐主义和成就主义价值观都聚焦在以自我为中心的满足上。成就和权力价值观都追求社会优越感和尊重。

2012年,施瓦茨及其同事对他们的价值观理论进行了进一步的改进。他们在十种价值观类型中进行了更深入的比较和区分。例如,在安全价值观中,进一步分为社会安全和个人安全,而普遍主义价值观则可以进一步细分为环境、社会和社会容忍度方面。此外,施瓦茨在他们的理论中引入了两种新的狭义价值观:谦逊和面子。这两种新价值观也与之前的价值观构成了连续体,其动机维度与之前的维度相一致(施瓦茨,2012)。

通过上述这些改进,施瓦茨的文化价值观理论更为具体和细致,进一步揭示了不同价值观之间的关系和内在动机。这种深入的分析有助于我们更好地理解个体的行为和决策,以及不同文化之间的差异

2. 国家层面的价值观

施瓦茨在他的早期研究中假设个人的价值观指导原则与国家层面上的文化价值观的指导原则是不同的。然而随着研究的深入,施瓦茨发现个人的价值观与国家的价值观之间存在着几乎相似的概念。换句话说,他发现个人价值观和国家价值观之间存在着相似性,这为他基于价值观调查开展跨国文化比较的研究提供了可行性的路径。这一发现也为他在后续研究不同国家和地区的价值观时提供了坚实的基础,建立了一个桥梁。

这种研究方法使得施瓦茨的国家层面的价值观理论与其他研究者如霍夫斯泰德、豪斯等人的价值观理论相比具有更强的可比性。通过比较不同国家的价值观,研究者们能够更好地理解不同文化之间的差异和共同点,从而揭示出文化对个体行为和社会发展的影响。这种跨国研究不仅拓展了我们对价值观的理解,还促进了跨文化交流和合作。

施瓦茨指出,不同社会面临着一系列根本且不可避免的难题,这些难题在社会调整人类活动时会出现。针对这些难题,必须从长远的角度理解其根源,并策划出有效的解决方案,通过社会之间的协调与互助来应对。随着时间的推移,不同社会环境下应对这些难题的方法逐渐演变和提升,这在社会的各个方面都有所表现,包括制度、信仰和社会活动等。施瓦茨将社会所呈现出的偏好称为文化价值取向。

随着数据集的扩大,施瓦茨在1994年选择了45个项目,这些项目是通过社会内部的统计分析确定的,在不同的文化背景中几乎具有相同的意义。他使用这45个项目的样本均值进行分析,从而验证了不同社会之间存在着不同的文化取

向理论。随后,他在 1994、1999、2004 和 2008 年分析了 76 个民族文化的数据,得出了 7 个文化价值取向和 3 个基本国家文化价值观维度。这些研究成果为理解不同文化之间的差异提供了深刻的洞察,并揭示了文化在塑造人们行为和社会发展方面的重要作用。

7 个价值取向观依分别依附性、自主性、等级制度、平等主义、掌握性以及和谐性,其中自主性又分为情感自主性和智力自主性两个价值观。理论总结如下:

(1)依附性 Embeddedness(EM):这个维度侧重于维持社会秩序,避免变化,保留传统;它指的是在一个人们与其他人密切生活或工作的社会中,遵守群体规范是很重要的。嵌入性文化重视传统、社会秩序、安全和服从。

(2)自主性 Autonomy(AU):这个维度衡量的是个人对自己想要的东西的控制程度,而不是必须考虑其他人和共享的规则。在实践中,自治指的是自由,而不是嵌入性文化中发现的控制。自主性分为两种类型:情感自主性和智力自主性。情感自主是指独立地追求各种生活、快乐、享受等积极的情感体验;知识自主是指对思想、知识方向和权利的自主追求。

(3)等级制度 Hierarchy(HI):在等级社会中,有一个明确的社会秩序:一些人的地位较高,而另一些人的地位较低。个体和与社会相关的资源是按等级组织的;社会中的个人被社会化,执行与分配给他们的角色一致的行动,如果他们不遵守,就会受到惩罚。人们接受自己的地位,被期望谦虚,并有适当的自制力。

(4)平等主义 Egalitarianism(EG):在平等主义文化中,每个人都被认为是平等的,并被期望关心其他人。这个社会的价值观包括正义和关心弱者,平等,诚实,为他人的利益而工作,自愿合作和社会责任。

(5)掌握性 Mastery(MA):这一维度衡量个人是否看重成功,以及他们是否通过自我主张,主动寻求掌握和改变社会秩序,以促进个人利益和他们所属群体的利益。这个社会的特点包括独立、雄心、勇气和能力。

(6)和谐性 Harmony(HA):在这种文化中,社会成员乐于接受和适应他们在社会中的地位,而不是寻求自我完善;人们更重视集体而不是个人。这种文化的重要价值观包括世界和平、保护环境和与自然的统一。

国家文化价值观三个维度把 7 个价值观取向进行分类,如表 2-18 所示。

表 2-18　施瓦茨国家层面的价值观维度

维度	价值观	价值观的取向
第一维度	依附性与自主性	个体与群体之间关系的界定与特征
第二维度	等级制度与平等主义	在社会成员中相互协调、激发富有创造力的成就
第三维度	掌握性与和谐性	社会如何调节人类与自然和谐共存的方式

资料来源：根据施瓦茨等人(Schwart et al., 2012)整理。

第一个维度(依附性与自主性)，它主要涉及关系的性质以及人与群体之间的边界。确切地说，自主性价值观包括智力自主性和情感自主性两个方面。前者提倡追求自己的思想和独立的智力方向，而后者则提倡追求情感上的积极体验。而在依附性的价值观文化中，人们被视为依附在集体中的实体。

第二个维度(等级制度与平等主义)，它主要侧重于确保人们之间关系的协调性，以保护社会结构的方式生产商品和服务。具体来说，平等主义文化在某种程度上促使着人们在道德方面的相互认同与履行，人类在社会中拥有共同的基本利益。然而，等级文化依赖于赋予社会某些特定角色的等级系统，以确保肩负责任的、富有成效的行为。

第三个维度(掌握性与和谐性)，它表现在社会如何协调人力和自然资源的利用。和谐文化强调人们要融入社会和自然环境，也不是利用社会和自然环境，并以接受、保护和欣赏事物的方式保护这样的环境，而不是试图去改变这样的环境。与此同时，和谐的文化不鼓励改变，也不鼓励人们在社会中保持平稳的关系和避免冲突。相反，掌握文化鼓励个人或群体积极地实现自我主张意识，以掌握、指导的原则去改变改变自然和社会环境，从而实现群体或个人的目标。自然在这类价值观引导下人们会更积极、务实地解决问题的可取性，这提高解决问题的能力和有效性(施瓦茨, 2005)。

四、跨文化理论相似性和差异性

从跨文化的理论研究中，我们可以了解到学者们的大量研究是基于不同国家(社会)之间的文化差异性展开的。当前的情况显示，全球各国(地区)之间的文化差异仍然十分显著。因此,文化差异对于跨文化管理的持续研究仍然具有重要意义。

文化之间的差异在跨文化管理领域具有深远影响。解决社会组织中不同文化背景的员工之间因价值观差异而引发的问题,会导致社会、组织和员工之间的矛盾。同时,员工是否能够在工作和家庭生活之间实现相对平衡和稳定的关系,将直接影响到社会企业是否能够更好地管理不同文化背景的员工,使其在工作中保持积极和高效的状态。

在跨文化管理研究中,解决这些问题成为关键。这需要跨文化管理者具备敏锐的文化意识和有效的沟通技能,能够理解和尊重不同文化价值观的多样性。通过创造开放的工作环境,提供针对文化多样性的培训和支持,并制定适应不同文化背景的管理策略,可以更好地应对这些问题。

在前述研究中,我们重点介绍了近年来在跨文化研究领域中较为常用且与本书研究主题紧密相关的理论,其中包含霍夫斯泰德的文化价值观研究、全球文化维度调查项目团队的全球跨文化价值观与实践研究,以及施瓦茨对个人层面与国家层面跨文化研究的工作。然而,除了这些重要理论,还存在其他一些著名学者的经典跨文化研究理论,它们同样为跨文化研究领域贡献深远。

1961年,克拉克洪与斯桥贝克提出的价值取向研究理论,以及社会心理学家彭迈克在1987年针对中国文化所提出的华人价值观研究理论,都在探索文化间价值观的差异方面作出了重要贡献。1995年,蔡安迪斯提出的经典个体主义与集体主义理论,则深入探讨了不同文化对个体与群体的关注程度。此外,荷兰管理学家特朗皮纳斯(Trompenaars)在1993至1998年期间提出的文化架构理论,也为我们理解不同文化中的行为模式提供了有益的视角。

尽管本书未对这些经典理论逐一详述,但通过深入研究,我们发现跨文化管理理论之间存在密切的联系与共通之处,为未来跨文化研究领域构建了坚实的理论基础。这些理论共同揭示了文化之间的相互影响和差异,为学者们更好地理解跨文化交流与合作提供了宝贵的指导。本书将各位学者的文化价值研究理论之间关系列表2-19如下。

表 2-19 文化价值研究理论联系

克拉克洪与斯桥贝克	霍夫斯泰德	豪斯项目团队	施瓦茨	彭迈克	蔡安迪斯提	特朗皮纳斯
人性的观点（本性善与恶，本性的固有与可变性）	放纵与克制 男性气质与女性气质	平等主义导向与人性导向	等级制度与平等主义	尊重传统道德品质、稳重		普遍主义或个人主义 中性-情绪化
人与自然环境（控制与和谐共处）	不确定性规避	不确定性的规避	掌握性与和谐性	和谐 融入		人与自然的关系
个人与他人（个人主义与集体主义）	个人主义与集体主义	社会集体主义与群体集体主义	依附性与自主性		个人主义或集体主义	个体主义与集体主义，特定的关系与松散的关系
人的时间观念（过去、现在和未来如何做事）	长期导向与短期导向		传统与遵循	坚持不懈		长期-短期导向
人的空间观念（个人隐私性与公共开放性）			安全			
人的行动导向（重视做事的行动或重视存在本身）	长期导向与短期导向		自我强化 自我超越 刺激			强调个人成就-强调社会等级

资料来源：作者整理。

从 2-19 表的数据我们可以明显地看出，跨文化价值取向的研究理论在许多方面呈现出相似之处，彼此之间紧密相连。在回顾我们之前的理论时，不难发现全球文化维度项目团队提出的未来导向与霍夫斯泰德的长期导向价值观理论之间存在着显著的关联。同样，施瓦茨的个人主义与集体主义概念与蔡安迪斯的个体主义与集体主义之间也存在紧密的联系。

豪斯等人的研究进一步细分了个人主义-集体主义，将其分为社会集体主义和群体集体主义,同时将男性特质-女性特质的维度替换为自信度、绩效取向、性别平等主义和人性导向的四个假设组成部分,以更精确地描述不同文化的特征。此外,霍夫斯泰德提出的长期导向概念源自彭麦克关于尊重传统和坚持不懈的价值观的研究。

将众多学者的经典文化研究理论纳入一个整体框架中,进行相互验证和研究,绝不是多余的。事实上,这种综合性的研究方法能够帮助我们深入理解不同学者对文化价值取向的独特贡献。每位学者从不同的角度和侧重点出发,提出了各自的理论,而这些理论之间的关联和重叠有助于我们更好地理解文化差异的本质。举例来说,个人主义与集体主义价值观是众多学者研究的重点,这在各个理论中反复得到验证。这说明个人主义与集体主义在不同国家(社会)之间的文化差异是极为显著且具有普遍性的。这一共性现象强调了其作为一个重要文化维度的重要性。集体主义社会中,人们常常以集体的利益为优先,甘愿为集体的荣誉和需求做出牺牲。而个人主义社会中,个人的目标和利益被放在更为重要的位置,集体对个人的影响较小。

随着时间的推移,国家(社会)之间的进步和交流,全球文化差异在某些方面可能会逐渐减小,但是文化差异的完全消失可能性极小。在这方面,2002年施耐德等学者提出了一个具有挑战性的观点:"世界会变得越来越小,国家(地区)之间的差异也会随之消失。"然而,这一观点引起了学界的广泛讨论。

值得注意的是,这一观点受到了一些跨文化研究的重要学者,如霍夫斯泰德等人的批评。他们认为,虽然在某些层面上存在着文化差异之间的相似性,但这并不意味着这些差异会完全消失。文化是深刻的、复杂的系统,它们是根植于国家(地区)的历史、价值观、传统和社会结构之中的。即使在全球化的背景下,文化在某些方面可能会受到影响,但它们仍然会在许多方面保持独特性。

因此,学界逐渐关注起全球文化差异的相似性。这种研究兴趣旨在探究在文化差异减小的趋势下,不同国家(地区)之间是否仍然存在一些基本的文化特征和价值观相似性。这有助于我们更好地理解全球化对文化差异的影响,以及国家(地区)之间是否存在一种共同的文化基础。总体而言,尽管在一些方面文化差异可能会减小,但每个国家(地区)的独特文化特征和价值观仍然是存在且重要的。

关于文化的相似性,我们可以从两个角度进行推断。首先,全球文化维度(GLOBE)项目对全球62个国家进行了十个文化集群的细分,这些文化集群的划分指出在每个集群内的国家文化具有高度相似性。如表2-20所示,这种划分对于企业组织来说,意味着在相似的文化集群内开展业务所承担的风险相对较低。这是因为相似的文化意味着更好的文化适应和交流,从而降低了误解和冲突的可能性。

表2-20 全球文化维度文化集群

社会集群	地区
盎格鲁	澳大利亚 新西兰 加拿大 美国 南非(白人) 英格兰 爱尔兰
北欧	芬兰 瑞典 丹麦
东欧	阿尔巴尼亚 哈萨克斯坦 匈牙利 波兰 俄罗斯 斯洛文尼亚 希腊 格鲁吉亚
拉丁欧洲	意大利 葡萄牙 西班牙 法国 瑞士(法语) 以色列
日耳曼欧洲	奥地利 德国(西德) 德国(东德) 荷兰 瑞士
拉丁美洲	阿根廷 玻利维亚 巴西 哥伦比亚 哥斯达黎加 厄瓜多尔 萨尔瓦多 危地马拉 墨西哥 委内瑞拉
撒哈拉以南非洲	纳米比亚 尼日利亚 南非(黑人) 赞比亚 津巴布韦
中东	埃及 科威特 摩洛哥 卡塔尔 土耳其
南亚	印度 印尼 马来西亚 菲律宾 泰国 伊朗
亚洲儒家家族群	中国 中国(台湾) 中国(香港) 韩国 日本 新加坡

另一方面,我们可以通过观察不同国家(地区)的人们的社会行为来看到文化的相似性。举例来说,在中国,我们可以看到越来越多的年轻人喜欢去星巴克喝咖啡,用流利的英语与来自不同国家的朋友交流。甚至在愉快的时候,他们也会像西方人一样放声大笑。同样的现象也存在于美国,比如在美国的唐人街,外国人穿着中国传统的旗袍,品尝着中国菜,用流利的普通话交流。这种跨文化的社会行为体现了文化之间的相互渗透,也表明在全球化的发展过程中,不同文化背景之间的文化差异中也存在着相似性和趋同性。

综上所述,在全球化的大背景下,文化的相似性和趋同性逐渐浮现。跨不同国家(地区)的文化交流、相互渗透以及经济体制的相似性,都凸显了文化差异中存在的共性和相似性。这强化了文化研究的重要性,为我们更好地理解不同文化之间的联系和差异提供了帮助。因此,尽管这些案例可能尚不能完全证明文化的未来发展趋向趋同,但它们明确指出在全球范围内,不同国家(地区)的文化价值差异中确实存在一定的相似性。因此,未来的研究方向应该着重关注文化的相似性,以及这种相似性对跨文化组织管理带来的影响。

第三章
弹性工作制与工作生活平衡理论分析

第一节 弹性工作制

一、弹性工作制概念的界定

在传统的工作模式中,社会组织通常为员工规定了固定的工作时间和地点,这种模式在我们日常生活中广泛存在,其发展在很大程度上是借助于美国早期的福特主义思想在全球范围内的传播。福特主义以标准化的工业生产为基础,被广泛应用于大规模生产模式。然而,到了20世纪70年代中期,由于欧美市场的通货膨胀危机、消费需求下降以及国际市场激烈的竞争,企业生产逐渐受到影响,迫切需要新的社会条件和管理方式。

20世纪80年代初期,全球范围内出现了后福特主义的潮流,弹性工作成为其核心特征。与之前僵化的福特主义大规模生产相比,弹性生产模式的引入以及新的高科技技术的应用,使企业的生产更具灵活性。同时,国际劳动市场也逐渐放松了对企业雇佣和工作模式的传统监管。这为国际化企业采用新的灵活弹性工作制度创造了条件,也意味着这种新的生产和工作模式的兴起对于全球范围内工业化的发展和进步具有重要作用。

总之,过去的传统工作模式依赖于福特主义的大规模生产理念,但到了20世纪70年代,由于市场变化和竞争压力,后福特主义弹性工作模式成为趋势,为企业带来了更大的灵活性和适应性。这一变化在全球范围内推动了工业化的发展与进步。

1.弹性工作制的概念

弹性工作制是社会组织人力资源管理的一个不可或缺的部分,也是企业组织人性化管理的一种有效工具,我们可以将它比喻成一种类似伸缩橡皮筋似的弹性管理制度。它是指企业在已设定的工作任务或固定工作时间的前提下,为了提高企业的生产效率,实现职工在工作期间的快速转换,根据相关国家地区劳动法案,职工采用全日制、临时性、阶段性、弹性工作时间或不限制工作场所等工作管理方式。也就是说,职工在完成了企业组织规定的工作任务或者固定工作时间的基础上,可以灵活安排、支配剩余的工作时间,也可以灵活选择办公地点和办公方式,合理制定属于职工自己的工作计划。

这种灵活的工作方式对于大多数职工来说算是一种福利了,这种福利不仅仅是工作与家庭之间关系的平衡,甚至对于某些职工更像是一种荣誉,一种激励的措施。对于企业或用人单位来说,灵活的工作方式在某种程度上得到了多数职工的认可与满意,并可以有效提高职工的工作效率,降低企业人才的流失率。这部分具体内容我们在本章后续弹性工作制优势和局限性描述中详细介绍。弹性工作制是从1990年以企业跨国经营之后而引入国内的,目前根据相关学者的研究,本书将弹性工作制的五种表现形式总结如下:

(1)设立自主型组织结构。所谓的设立自主型组织结构,就是企业用人单位为了改善僵化的固定组织结构,提高组织结构的弹性、活力以及创新力,让职工们自行组成8~10人的小组,从而由职工组根据任务要求、标准、产量和规范性,自行讨论并决定工作的时间长度和强度,在不影响工作总体任务的同时,合理安排,灵活处理。比如瑞典的沃尔沃汽车公司,在被浙江吉利控股有限公司并购之前,于1988年就率先实行生产线上的弹性工作制,由沃尔沃员工自行决定生产时间、休息时间、生产进度,以及在什么阶段增强或减少工作强度等安排,由此把职工从枯燥无味的机械化生产流水线上解脱出来。之后,据沃尔沃汽车公司调查,建立自主型组织结构的弹性工作制,职工在原有生产量的基础上有了显著提升,对工作的热情以及投入和关注程度也比之前提高了很多。

（2）工作分享制。所谓的工作分享是企业或用人单位计划两位职工或多位职工共同承担一个全日制的工作。工作分享最早起源于美国,具体来说,美国的企业最早实行弹性工作制,工作分享是较为典型的表现形式之一,企业规定一个全日制工作岗位一周的固定工作时间为40个小时,这个岗位可以由两个职工共同承担,可以一人选择在上午工作,另外一人选择在下午工作,或者可以两个人一人工作一天,轮流上岗。工作分享制中的时间计划安排是由职工之间相互协商之后,再向企业用人单位提交申请,选择较为灵活、多变。

工作分享制中还包含了一种临时性的,这其实是企业在经营出现危急状况时的一种应急计划。为保留现有职工防止人才流失,在不裁员的情况下共同度过企业当下的困境,企业需要在短期内把每个员工的固定工作时间缩短,薪资也随之降低,以减少企业的用人成本。如果员工之前每天工作8小时,薪酬按每日8小时计算,采用临时工作分享制后,职工由每天工作8小时降至每日工作6小时,那么一周至少可以拿到30个小时的薪资,待企业经营状况好转后,再恢复到之前正常的固定工作时间。

（3）弹性化工作时间。弹性工作制时间方面的灵活性大致分为四种表现形式：

一是选择弹性工作时间的方式,企业规定,职工可以自由选择某一阶段的工作时间和工作时长,前提是要完成企业规定的工作任务总时长。例如,在一些欧洲的跨国企业,职工在工作6个月以后,可以自由选择下一年愿意工作的时间段或工作时长,其余时间则可以安排去学习进修或者参加培训等有利于个人能力提高的项目计划。在墨西哥的一家用人单位,要求全日制职工每月工作时间最低不少110个小时,但是如果职工在第一个月工作了150个小时,那么这位职工可以向企业申请下个月只工作70个小时,工作以外的时间可以选择做自己的感兴趣的事情,也可以参加企业组织的各种培训项目或去国外学习进修,这种选择弹性工作时间的模式更加灵活化、便利化,受到很多刚入职场年轻人的喜欢和拥护。

二是核心时间和灵活时间相结合的方式,企业和用人单位把正常工作时间分为两个部分,即核心工作时间与灵活工作时间。核心工作时间是所有职工每天必须在工作地点的时间,而灵活工作时间是除了核心工作时间以外,职工可以灵活选择继续工作的时间段。例如韩国的 LG 生活健康集团规定,所有职工每天工作时间应为 8 小时,公司的实际开放时间为早上 6 点至晚上 6 点,核心工作时间为早上 9 点至下午 3 点,这里不包含午饭 1 个小时时间。在核心工作时间段,所有职工必须在自己的岗位上工作,核心时间以外的工作时间为弹性化工作时间,职工可以在早上 6 点至 9 点、下午 3 点至 6 点之间任意选择 3 个小时进行工作。企业采用核心时间与灵活时间相结合的方式,不仅可以保证职工每天的出勤率,而且在一定程度上让职工能够合理安排工作时间,进而提高工作效率,特别是对于家里有学龄儿童的职工,使其在保证工作时间的同时,不耽误接送孩子上下学。

三是部分时间工作制,也就是弹性工作制里的正常工作时间少于全日制职工工作标准时间,如果部分工作时间在每周里面没有进行约定,就按照一年的部分工作时长平均分配到每周时间里面,总体来讲,要低于全职职工的标准时间长度。这种部分时间工作制度实质上是根据组织里雇佣者与受雇佣者之间的一个约定,双方各取所需,获得约定好的利益。部分时间工作制的雇佣合同有很多种,如固定时间的工作合同、兼职合同以及临时合同等。这在我们日常生活中随处可见,出行时经常使用的滴滴打车软件,其司机大都是兼职,工作日的白天正常工作,晚上的休息时间则拿来做兼职,获取的额外收益补贴个人日常开销或家庭消费。部分时间工作制度是相对全日制职工的制度而言的,在薪资和待遇上也有不同。我国的全日制职工,企业除了每月定期给予薪酬之外,还赋予其五险一金的保障制度(五险指养老保险、医疗保险、失业保险、工伤保险以及生育保险,一金指的是住房公积金)。在一些大型国有企业或国家公务员单位还会增加企业年金和补充医疗保险两项。但是选择部分工作时间的职工只享有合同以内规定工作时间的薪酬待遇,不享有额外的五险一金等社会保障制度。不同的国家社会地区对部分时间工作制度规定也不一样,比如在德国,劳动法案规定,部分时间工作制与全日制的劳动者都可以享受国家社会提供的相应福利。在英国,2000 年之后部分工作时间的劳动法成立,规定英国选择部分工作时间的职工同样享受国家社会提供的公平的福利待遇。首先,薪酬方面与全时职工的时薪标准一致;其次,享有申请产假和病假的权力,并在假期期间,可获得与全时职工一样的产假工资和病假工资;最后,用人单位定期对部分工作时间制的职工进行岗位培训,提升其工作能力。

四是紧缩工作时间制,顾名思义,这是指企业的职工可以把一个星期的工作量,压缩到2~3天内完成,剩余的时间可以自行安排。这种紧缩的弹性化时间管理方法使职工到企业的时间明显减少,省去大部分的交通费用,而且还可以提高企业设备的寿命。例如,在韩国上百所私立大学中,高校教师可以把学生一星期的课程压缩到一天内进行,剩余的时间则进行科研项目的研究或参加一些国际性的学术会议等等。

(4)弹性化工作地点。所谓的弹性化工作地点,就是企业给全日制职工的工作地点的灵活性的设定,有些学者也称之为远程办公。它是指劳动者在确定能够完成社会组织或用人单位安排的任务的前提下,可以不限定工作场所,在家或在离家较近的办公场所,通过电子通信设备或移动互联网办公设备进行工作。在全球信息化发展的时代,电子信息设备和现代化互联网沟通工具逐渐普及,为职工选择弹性化工作地点的需求提供了有利的基础条件,职工不需要每天上下班乘坐拥挤的交通工具,从而避免把时间浪费在上下班途中。目前,美国很多大型企业,特别是互联网企业都已推行弹性化工作地点这一方案,这些企业管理者注重的不是职工是否在单位工作,强调的是工作成果是否显著。企业管理者把任务完成的最后时限分配下去,对于职工在哪里完成,通过什么方式完成不做过多的约束。例如美国的雅虎公司,在招聘员工时,就将弹性化工作地点这一条件,当作对引进员工的福利写在招聘计划书里,员工不受公司考勤制度的约束,不需要每天到公司打卡,在家或任何可以工作的地方完成公司布置的任务就可以了。雅虎给每一位员工配备了笔记本电脑,提供一定的通信补贴费用,并安装了视频会议通话设备。这样一来,雅虎的员工就可以在家开工作视频会议,同时不影响照顾年幼的孩子或年老的父母,从而实现理想中的工作与生活平衡的目标。

对于企业来说,员工减少在办公室的时间,大幅度降低办公室设备的使用频率,使得办公室的使用成本降低不少,这对企业来讲无疑是一个利好的消息。据上海携程商务有限公司与美国斯坦福大学对在家工作的1000多名职工进行调研,500多名职工每日固定去公司办公室工作,另一半职工则在家穿着睡衣工作,结果显示,在家穿着睡衣的员工绩效比办公室员工的绩效高出约22个百分点。

由此可见,弹性化工作地点更利于大型企业提高员工的绩效标准和工作效率。

(5)工作任务中心制。这种制度的表现形式,是企业对员工只考核最后工作任务是否按原定要求保质保量地完成,不设定具体时间,只要员工在规定的期限内完成就可以拿到丰厚的薪酬。

以上是本书总结的弹性工作制的五种表现形式,包含设立自主型组织结构、工作分享制、弹性化工作时间、弹性化工作地点和工作任务中心制。不同企业在推行弹性工作制时,要根据自身情况设计灵活性工作方案。对于不同职业、不同工种以及不同类型的群体,推行弹性工作制的效果也不一样。有的推行一种灵活工作的方式,也有的同时采用几种弹性工作制相结合的方式,但无论是哪一种,都必须适合企业现在和未来的发展目标和趋势。

2.弹性工作制的优势与劣势

对于个人来说,工作时间的长短不能代表个人对工作的贡献,相比之下更重要的是工作成果能给个体带来什么价值,如荣誉、成就或是经济收益。对于企业组织来说,弹性工作制只是管理人员的一种工具,是工具都有自身的优势和劣势,企业组织要做的就是如何发挥这种制度的长处,弥补它的短处,给自身带来有利的价值。

国外学者斯塔夫鲁(Stavrou,2005)指出,一名跨国企业员工的离职费用是年薪的1.5倍,这意味着企业要支付员工一大笔离职费用,而弹性工作制可以有效降低员工的离职率,减少员工的流动,这对企业和员工都是有利的。斯塔夫鲁表示员工选择弹性工作制可以有效提高自身的生活质量,满足家庭的需要,提高生活幸福指数。员工在工作时间上有了更多的选择和规划,可以根据自己的作息习惯,避免上下班通行的高峰期,消除了因为企业严格的考勤制度所带来的焦虑和心理负担,同时有更多的时间安排自己和家庭的社交活动,培养家庭成员的兴趣爱好,提升家庭整体的幸福感。而企业维护了员工的个人权益,满足了员工内心被尊重的需求,大幅度增加员工的满意度,提高了员工的工作积极性和责任感(阿里耶和斯通,Aryee& Stone,1996)。

对于企业用人单位来说,首先,弹性工作制可以有效降低人才流失率,减少员工迟到、早退现象,降低缺勤率。其次,企业生产经营成本会有所降低,弹性工作制放宽了员工工作时间的限制,很大程度上减少了企业用人单位对员工加班费用的支出。最后,在企业管理和经营方面有显著效果。之前我们总结弹性化工作地点更利于大型企业提高员工的绩效标准和工作效率,因为员工在工作中有了主动权,可以安排自己在效率最高的时间段工作,自然也就能取得更好的工作绩效。

弹性工作制的优势十分明显,但也存在一些局限性。首先,灵活的工作时间与不受约束的办公地点,减少了员工在单位与管理层面对面的沟通和交流,工作中的矛盾和问题可能会随之增多。其次,弹性工作制的实施对企业管理者的要求较高,这增加了企业管理的难度,如果出现失误,很有可能造成企业管理混乱。最后,并不是所有的职业都适合采用弹性工作制,例如商场的销售人员、产品柜台服务人员、企业的内勤以及维修人员等等。

斯塔夫鲁和吉拉尼奥蒂斯(Stavrou & Kilaniotis,2010)在2010年发表的关于《弹性工作制与人员流动——跨文化的实证调查》文章中指出,三种弹性工作制的表现形式与全球文化维度的两个社会群体(即盎格鲁人和北欧人)之间有显著的关系。具体来说,随着非社交时间(加班、倒班、周末工作)和兼职安排(兼职和分担工作)在盎格鲁社会群体中使用程度不断增加,人员流动率也不断提升。此外,随着北欧社会集群的日程灵活性(远程办公、在家工作和弹性时间)弹性工作制的使用群体人数的增加,人员流动率在不断下降。研究表明弹性工作制的不同表现形式在不同的国家社会集群中具有普遍的适用性。

二、弹性工作制的发展史

近几年,新冠疫情的传播使得弹性工作制在我国又重新回到人们的视线,甚至一度上了热搜,引起政府和企业的高度关注。为了有效防止疫情的蔓延,政府机关、企业等各个组织计划并实施了灵活办公、远程办公室、错峰上班等一系列弹性工作的方案,在保证国家地区经济建设平稳发展、社会秩序有效运行、人民安居生活的前提下,有效降低了这次疫情传播给国家人民带来的财产损失和负面伤害。弹性工作制的临时应急方案得到政府机关公务员、企业事业组织单位员工等广泛的认可和一致好评。

有些人认为弹性工作制是近几年才有的灵活工作方案,其实不然。早在20

世纪 60 年代初,第二次世界大战结束不久,欧洲经济正处于经济复苏阶段,人们上下班的交通堵塞十分严重。德国经济学家为解决当时的交通堵塞状况,提出了弹性工作制的实施方案,并得到欧洲很多国家政府机关不同程度的支持。到 70 年代初,弹性工作制在德国、英国、美国以及瑞士等国家稳步发展,大约有 30%~40%的企业在组织内部运行了弹性工作制,例如惠普公司、施乐公司、杜邦公司等著名大型跨国企业。这些大型企业内部工作机制的变革,得到了员工的认可,受到当地政府的鼓励与支持。

1997 年,美国议会通过了关于每周工作 40 个小时的劳动法案,该法案规定政府机关、企事业雇主和员工在经过协商之后,在规定工作时限内可以采用"固定工作时间"或者"弹性工作制",这也意味着弹性工作制这一组织制度在向合法化的范畴推进。为了应对不断变化的竞争市场和劳动力市场需求,企业也在寻求适合现代社会环境的组织管理模式。例如疫情时代下,远程办公等灵活的工作方式渐渐被企业和员工所接受,弹性工作制也逐步成为企业管理实践的重要组成部分(莱恩和克赛克,Ryan& Kossek,2008)。而员工也可向企业社会组织申请,提供与社会环境相适应的工作方式来维持他们的工作和生活平衡关系。一项针对英国 4000 名员工的调查显示,33%的员工更喜欢使用灵活的工作安排,46%的员工期望他们下一个工作的理想办公方式是灵活的工作安排(马森和蒂茨,Musson & Tietze,2009)。此外,一项关于家庭生活和工作的调查显示,约 86%的员工认为灵活的工作场所对他们管理工作和生活的平衡很重要,一半的员工认为有必要使用灵活的工作安排。

日本三菱重工业股份有限公司、富士重工等大型国家支柱企业也从 1988 年开始,在企业范围内推行了弹性工作制,除了蓝领以及生产车间流水线的工人,其余工种均可选择灵活的工作制度。2015 年,日本人事院建议并申请将弹性工作制纳入《工作方式改革关联法案》之中。同年,日本政府面向公务员全面推行这一灵活工作制度,并从仅有约 1200 名研究专业岗位人员扩展到了约 27 万名国家公务员及研究专业岗位人员,并对其中肩负照顾孩子和赡养老人责任的工作人员设定了更为灵活的工作制度。新的工作制度是为方便工作人员接送孩子、照顾家庭以及可以定期到医院进行诊断治疗等,每日固定最短工作时间为 4 小时,也可以在除周末及法定节假日之外的工作日自由设定不需要出勤的日子,但4周工作时间要按规定达到155小时,相比旧的方案(设定每天工作时间为7小时45分)更为灵活、方便。2022年7月,日本人事院进一步修改《工作时间法》,缩短了国家公务员每日最低工作时间要求,将其缩短至2~4个小时。

以崇尚纪律严明为宗旨的韩国,在2010年5月开始在全国28个地区实行弹性工作制度,据相关调查数据显示,80%以上的员工对实施这个制度比较满意。2014年,韩国中央政府和地方政府全面推行弹性工作制,要求每日最少工作5小时。韩国最大跨国企业、国内支柱产业三星电子总共公司并于2015年响应国家政府号召,在企业内部全面推行所谓的"弹性工作制",每周工作时间规定在40个小时,每日工作时间不少于4小时前提下,员工可以自由安排和调整自己的剩余工作时间。之后据韩国三星相关负责人表示,"弹性工作制"在三星企业内部的全面推广得到员工的普遍认可,有效提高了员工的工作投入度与满意度,员工的工作效率相比这一制度实施之前有大幅度的提升。在三星企业推行之后,现代SK能源公司、LG集团公司、SK电讯等各大跨国企业也相继实施弹性工作制以及对已生育职工的优待制度。例如,女员工家里如有8岁以下的孩子,上班时间可以推迟到10点;孕期女员工可以享受到缩短工作时间累计不超过30次的优待制度。这项制度在韩国的掀起的热潮离不开政府的支持与鼓励,而韩国政府的最初目的就是解决本国生育人口较少的问题,韩国政府认为弹性工作制是解决目前国家结婚率与生育率逐年降低和提升未来结婚率与生育率的有效方式。据媒体调查统计,韩国约有67%的职场员工表示赞同政府和企业推行弹性工作制,职位较低的员工表现得更为积极,其中约有64%的民众希望拥有更多属于自己可以支配的时间,46%的民众盼望可以利用这些时间去休息、运动或者陪伴家人。与此同时,韩国交通部表示,由于这一制度的实施,国内交通拥挤现象得到明显改善。

随着改革不断发展,2000年,中国香港地区政府面向公务员推广弹性工作制的方案,方案中规定了基本的工作时间和灵活的工作时间安排,其中包含多个弹性工作制的实施内容。2015年8月,国务院办公厅印发《关于进一步促进旅游投资和消费的若干意见,鼓励地方政府和企事业单位组织根据地区单位的实际情况,对职工推行弹性作息时间,促使越来越多的地区单位勇于尝试弹性工作制,并从中获得了益处。

为适应全球环境的不断变化,政府和企业组织正逐渐采用弹性工作制度(Flexible Work Arrangements,缩写为 FWAs)作为一种新的工作模式。这种模式不仅满足了员工对工作时间和工作环境的个性化需求,同时,在提升组织内部的凝聚力和竞争力方面也发挥了重要作用。研究表明,弹性工作制对企业组织和员工都带来了积极的影响。

对于组织而言,弹性工作制可以提高员工的工作满意度和对组织的归属感,有助于减少因员工缺勤和流失所带来的成本,并有效提升组织的生产力和绩效。而对于员工来说,弹性工作制为他们更好地管理工作时间提供了可能性,使他们能够在家中进行工作,避免了通勤方面的烦扰,降低了工作成本。

灵活的工作安排对员工的工作与生活平衡也具有积极的影响。组织为员工提供灵活的工作时间,减少了对工作时间的严格限制,从而为员工在工作需求和家庭生活需求之间寻找平衡提供了途径。这种做法减轻了员工的工作压力和工作疲劳感,有助于解决员工在工作与家庭之间的冲突,进而提高员工的工作效率和工作满意度,从而促进了整体组织绩效的提升。

然而,弹性工作制也可能带来一些挑战。它可能减少员工与雇主之间的直接沟通,对员工的职业发展和薪酬提升产生一定的负面影响。因此,虽然弹性工作制为组织和员工带来了诸多好处,但其实施需要综合考虑各种因素,才可确保其最大化地提高工作效率和员工福祉。

国内的学者和专家普遍认为,弹性工作制有望在未来成为一种全新的工作模式,特别适用于创业者和教育工作者等群体。例如,在 2020 年初,新型冠状病毒感染疫情暴发,中国政府采取了果断而正确的领导措施,倡导全国人民居家防控,实行居家办公。同时提供必要的生活支持,使人们得以在家工作。这一系列举措促使中国在疫情防控方面取得了巨大成功,为全球树立了典范,再次展现了人类的韧性和智慧,并在历史的长河中留下了璀璨的一页。

2022 年年底,全国范围内开展了一项调查,旨在了解并评估居家办公这一工作模式的受欢迎程度。这项调查涵盖了来自各行各业的 1 万名职场人士的观点与体验。其中有一位来自某高校的教师,他在疫情期间坚持采用线上教学的方式,将居家办公这一模式无缝融入日常教学之中。他认为,在疫情防控的背景下,居家办公成为一种新型教学模式,可为更多职业人士居家办公提供广泛的实践机会。

在这位老师看来,走进学校或单位办公室只是一种常规的传统工作模式,注重的是工作流程而非工作效率。然而,随着社会的不断进步与发展,越来越多的领域适用于居家办公,因此,这种模式会受到更多职场人士的欢迎。他认为,居家办公能够显著减少通勤时间和降低工作成本。如果某项工作可以在家中完成,为何还要去学校或单位呢?对于需要查阅纸质资料的情况,则可以选择回到学校。因此,他特别强调,判断是否适宜采取居家办公模式应当依据具体实际以及科学严谨的工作需求来综合考量并做出决策。

其他老师也分享了类似的体验,认为在家通过线上平台给学生授课需要更多的心思和学习新技巧。面对面教室授课可以让学生与老师及时互动,解决问题,线上授课则可能显得过于机械化,无法完全呈现这种互动。为了克服这个问题,许多老师采用了创新的方法。例如,一些老师鼓励学生在屏幕上发送弹幕,提出自己的问题或观点,以增加课堂的交流与互动,从而提高了线上授课的效率。还有些老师使用了新的线上授课软件,比如云课堂授课软件,学生可以在需要与老师互动时点击类似麦克风的标识,老师随即开启语音共享模式,便可开启即时的讨论和互动。

此外,还有一些职场人士提出,居家办公赋予员工更多自主权,可以自行安排工作时间,掌握周围工作环境,平衡工作与家庭界限。这种模式符合现代企业发展的特点,既满足员工独立发展的需求,又能够更好地协调其工作与生活。由此可见,居家办公为员工提供了更多的时间和精力去平衡工作与生活之间的关系。

一位企业经营者表达了对"弹性工作制"的看法,认为这已经成为职场的新趋势。员工在这种制度下可以根据自己的情况,选择完全在家工作、完全在办公室工作、在家或办公室相结合的方式。他进一步指出:"一些金融企业正在考虑与第三方合作,为员工提供'家附近的工作场所'。"

综上所述,尽管大部分职场人士通常需要在工作和生活之间划定明确的界限,但现在越来越多的员工也开始接受一种更为灵活的"无界限"方式。这种选择往往取决于个人对工作与生活的看法和态度。举例来说,一些员工在选择工作时可能会考虑到内心的满足感,使工作成为他们的生活方式。这种情况在以生活方式为中心的创业者中尤为明显,他们与传统以经济利益为中心的创业者不同。在数字媒体时代,这种趋势将更加显著,每个人的社交网络都是以个体为核心,由此形成多层次、多维度的网络社会。因此,拥有相似价值观并以一种共同的生活方式为导向的人们聚集在一起,选择共同创业、共同生活的情况越来越多。这也导致工作和生活之间的界限变得更加模糊,甚至相互交织在一起。

第二节 工作—生活平衡关系

一、工作—生活平衡理论

在工作—生活之间相互作用的研究领域,形成了一些不同流派的研究理论,其中以角色理论、角色冲突理论以及边界理论为重要的基础理论。这些基础理论为我们学习工作—生活之间的关系提供了全面的视角和学术领域的专业术语。

角色理论是指个人在社会结构中扮演着不同的角色,承担着相关的责任和义务,对社会有着各式各样的需求。例如,我们在家庭中扮演着父母、子女的角色,在工作中承担着管理者的责任,肩负着被管理者的义务。在这些不同的领域,我们扮演着不同的角色,投入了大量的精力,肩负着不同的责任和义务,但是这些角色的责任和义务往往是不可兼容的,在这种条件下不同角色之间就会产生冲突,这种冲突就是角色冲突。角色冲突理论是指工作与生活之中体现出三种形态,即时间上的冲突形态、基于压力的冲突形态和人们行为上的冲突。同时,若以冲突具有的方向性而言,又可以分为工作与家庭之间的冲突(Work-family Conflict,缩写为 WFC)和家庭与工作之间的冲突(Family-work Conflict,缩写为 FWC)。

从角色冲突理论出发,通常分为工作与生活矛盾、工作与家庭平衡、工作与家庭矛盾等。而在工作与生活矛盾中,又包括了角色扮演的过载、工作对家人的影响、家人对工作环境的影响等。冲突主要源自家庭资源的短缺,使得人们在工作中耗费了过多的时间、精力和空间资源(拉皮埃尔和艾伦,Lappiere & Allen,

2006)。追溯到工作发展和生活平衡这个议题上,工作与生活关联度最高的是女性工作者的问题。因为一般情形下,女性在事业发展与照顾家庭之间存在着平衡和交易的问题(斯密森和斯托科伊,Smithson & Stokoe,2005)。如果在生活中出现资源分配不平等,很容易产生家庭冲突或者矛盾。这种资源的分配包含时间资源、空间资源等方面。然而,工作与生活平衡的一个重要内容就是员工可以控制自己工作的时间和地点,并且有能力决定自己应该如何选择工作(波科克,Pocock,2005)。本研究中的工作—生活平衡包括工作—生活平衡的直接体现,它来自工作场所的支持,所以它可以在更大程度上帮助员工找到工作和生活的平衡点。

边界理论是由克拉克(Clark,2000)学者在2000年提出的,他认为在日常工作—生活之间存在着界限与重叠的区域,我们每个人每天在这两个空间内相互穿梭,需要穿过两个空间的界限,才能成功完成角色的互换,重叠区域的交织程度和界限的强度决定了角色转化的难易程度。例如,在如今全球信息化时代下,传统的工作模式发生了改变,工作时间与工作地点都可以随时变化,具有弹性化。我们只需要一部智能手机或一台笔记本电脑,就可以随时随地关注工作信息,完成与工作相关的事务。这种现象的产生使工作与生活之间的界限变得模糊不清,工作与生活之间形成相互渗透的关系。学者克拉克提出的边界理论对于上述关系提供了很好的理论解释依据。

根据工作—生活之间界限的强度和重叠区域的交叉程度,可以分为边界分割与边界整合。当界限强度越高,重叠区域较小,在两个区域的角色转化灵活性交差,我们称之为边界分割。边界整合则与边界分割概念相反,更有利于提高工作—生活区域角色的转化率。经研究发现,高度的边界整合者,相比高度边界分割者更能表现出积极且富有影响力的情感。在一次对全球跨国公司的女性管理者调查访谈中发现,高度的边界整合可以有效促进工作—生活之间的平衡。对于整合边界所表现出的积极、正面的影响,一些学者表示,管理者在企业推行弹性工作制度,可以使员工在工作—生活之间灵活地穿行并进行角色的转换。在研究边界理论的同时,一些研究表明边界整合可以有效促进工作与家庭之间的融合,但也要注意,由于工作与家庭的界限分割程度较小,两个区域之间很可能出现互相干扰的现象,这就反向增加了工作-家庭之间冲突的发生概率。然而,边界分割管理的个体可以降低工作—生活之间的双向冲突。根据以上研究,有些学者表示分析员工的边界特征及影响时,除了要考虑员工实际边界管理的特点,还要考察员工的对工作-家庭的管理偏好以及所属社区地区的价值观影响,这些对个人工作—生活管理的关系具有重要的调节作用。

工作与生活的平衡理论运用较为广泛。这一理论已经被一些美国企业高层管理者成功运用到实际管理之中。但在欧盟国家,不管是政策法规或者文化方面,都大大滞后于英美两国。在重视民众社会福利的东欧、北欧等国家,工作—生活平衡的组织方式更为成熟。公司往往需要理解雇员的职业规划以及家庭生计的周期性变动,以便于向他们提供合理的咨询服务以及弹性的加班计划等。而在美国薪酬学会于2000年后执行的总薪酬模式中,将工作—生活之间平衡作为一个单独条件存在,包含了弹性工作制、健康方案、带薪休假、社会支持、财务管理、企业文化改革以及自我福利等,工作—生活之间平衡关系相比之前更受企业组织和员工的关注。这些公司采取了相应的政策,包括员工资助项目、工资支付、交通补助等,使他们在事业和家庭方面均获得了发展。工作与生活的平衡不仅仅是一种政策和规定,它也是一种习俗和观念,涉及企业的人力资源管理实践,影响人力资源管理的每个模块。

二、工作—生活平衡理论的发展史

工作—生活平衡的发展史不仅反映了社会、经济和技术变革对工作与生活之间关系的影响,也凸显了人们追求更健康、更幸福生活方式的迫切需求。最早关于工作与生活之间关系的研究可追溯至20世纪70年代,当时学者提出了"工作与家庭冲突"的概念,即指人们在工作与家庭之间所面临的矛盾。随着研究的深入,这种冲突被细分为三种形态:时间冲突、压力冲突和行为冲突。此外,研究者还从冲突的方向性出发,将其划分为工作对家庭的冲突(Work-Family Conflict,WFC)和家庭对工作的冲突(Family-Work Conflict,缩写为FWC)。

后来,人们逐渐认识到"工作与家庭的冲突"或"家庭与工作的冲突"在描述范围上都存在一定的局限性。因为在生活中,个体不仅仅涵盖了家庭生活,还包括个人独立的领域。在那些强调个人主义价值观的西方国家,个人生活与工作之间的平衡更加重要。因此,学者们认为将人们的工作与生活关系称为"工作与生活平衡"(Work-Life Balance,缩写为 WLB)更为贴切和确切(蒂茨、马森,Tietze and Musson,2009)。

这一观点的转变进一步丰富了人们对工作—生活平衡的理解。它不再仅限于工作与家庭之间的矛盾,而是更全面地考虑了个体的生活领域,包括社交、娱乐、休闲等。这种变化也强调了每个人都在不同生活领域寻求平衡的需求。因此,工作-生活平衡的研究也逐渐扩展到更广泛的范畴,包括工作与家庭以外的个人领域。

20世纪80年代初,美国的心理学研究学者开始提出"工作与生活的平衡"(Work-life Balance,缩写为 WLB)这一概念,以界定工作和生活之间的关系。当时,社会上普遍存在一种观念,即无论男性还是女性,个人的职业目标似乎比生活更为重要。很多人为追求职业上的成功而牺牲了生活,忽视工作与家庭之间的平衡,这导致员工们的工作与家庭之间的冲突日益加剧,甚至影响了他们正常的工作状态。"工作与生活的平衡"这一概念应运而生,引起了广泛的社会关注。

在当时,一些美国企业组织开始将员工的工作与生活平衡作为绩效评估的重要指标之一,试图验证这是否能够有效提高员工的生活幸福感。这些企业为员工提供了一系列有益于家庭福祉的政策,这在一定程度上缓解了员工在工作和家庭之间的矛盾(弗莱、布雷奥,Frye and Breaugh,2004)。同时这也反映了企业管理者对员工工作与生活之间关系的关切,这种关切对员工来说是一种心理上的慰藉,有助于改善员工与管理者之间的关系,使得员工在工作与生活之间找到了平衡,从而提升了整体幸福感。

根据目前国内外学者对工作与生活平衡关系的研究,我们可以发现工作与生活之间的关系是相当微妙的。在某些情况下,员工的工作状态和工作以外的生活可以达成一定程度的共识,这种共识就是平衡关系的体现。然而,这种微妙之处在这两者之间既可以相互促进,也可能相互影响甚至产生冲突。学者们认为,工作与生活之间的相互影响和冲突被称为工作与生活的冲突,而这种冲突实际上只是工作与生活平衡的一部分。

国内的学者，如王永贵、刘永强等（2008），在其研究中指出，工作与生活平衡不仅仅指在工作时间和空间上的平衡，更关键的是员工心理状态的平衡。他们将工作与生活平衡定义为个人对工作与家庭生活的满意程度，以及个人在工作与家庭角色中维持良好关系并最小化家庭角色冲突的心理状态。实际上，员工在日常生活和工作中对心理状态的控制是最具挑战的一方面，而这也逐渐成为工作与生活平衡研究的重点领域。

西方学者克拉克（Clark，2000）提出，未来工作与生活之间的关系可能会发展成为一种"工作与生活的整合"。他认为，工作与家庭角色之间的冲突和矛盾可能是不可避免的，但随着时间的推移，这些冲突有可能逐渐融合在一起。这意味着从过去关注工作与生活负面消极影响的研究，逐渐转向探索两者关系如何相互促进的积极方面。

综上所述，工作与生活平衡的研究历程最早从工作与家庭冲突概念开始，逐步演变为更加综合和深入的视角。随着社会、经济和技术的不断变革，人们对于工作与生活关系的理解也在不断拓展。从简单地追求时间和空间上的平衡，到关注心理状态和角色冲突的最小化，再到展望工作与生活的融合，工作与生活平衡的研究正逐步揭示出其微妙而多面的特性。这一研究领域的进展有助于我们更好地理解如何在日益快速变化的现代社会中，在不同的背景和价值观下，实现个人和组织的持续发展，同时提升个人幸福感。

第三节 弹性工作制与工作—生活平衡相关实证研究

一、弹性工作制中雇主与员工关系

从之前学者的研究中可以得出，工作-家庭之间平衡关系和融洽度取决于个人能够自由掌握工作与生活的两种角色之间转换的程度（弗莱、布雷奥，Frye and Breaugh，2004）。人们在社会结构中扮演着不同的角色，不同的角色也赋予了人们相应的责任和义务。为了肩负起社会、家庭角色所赋予的责任和义务，保持工作-家庭之间的平衡关系，尽量减少工作对家庭成员关系的影响，避免家庭成员之间冲突的产生。因此,人们总是努力尝试着如何界定工作与生活的界限,将工作与生活两个区域进行划分,相不侵扰。这也是在全球信息化社会的推动下,人们的对工作与生活的一个新的愿望。学者克拉克(Clark,2000)发现,日常工作与生活之间存在着界限与重叠区域,我们每个人每天需要穿过两个空间的界限,才能成功完成角色的转换,重叠区域的交织程度和界限的强度决定了角色转化的难易程度。然而,工作与生活两个区域间的成功转化理论上是可行的,但在日常实践中会受到来自周边自然资源、人为环境以及个人成长经历的影响。在倡导加班文化、长时间工作的企业、社会文化里,个人要实现工作—生活之间的平衡难度较高,如果员工对企业、社会的服务承诺较高,就可能降低个人对家庭生活质量的标准。广义上来说,个体的精力是有限的,如果每日对于工作需要长时间的付出,必然会消耗个体的大部分精力,那么可能会忽视人际交往、社会关系的处理和个人家庭责任等方面问题,严重时也可能导致人的精神紊乱,出现焦虑、抑郁等精神问题。根据目前的学术研究显示,长时间(固定时间)付出会影响个人与家庭成员和谐,因为家庭成员一方缺少长时间陪伴,导致矛盾的产生,影响家庭成员之间的和睦(布拉宁,Branine,2003)。观察人们的日常生活,我们也较容易发现,如果家庭成员中一人过多地关注的个人的工作,付出大量固定时间,消耗过多的精力,必然会对家庭其他成员的产生较大影响,而这些影响多数是消极的。

  分析前期相关的文献研究,我们可以发现,较多的学者认为弹性工作制对工作与生活的平衡有着重要的关系。两者之间的关系可以体现在企业的雇主和员工方面,在企业组织实行弹性工作制时,不仅对于雇主是有利的,更重要的是对员工也是有益的。目前在全球疫情影响之后的经济复苏阶段,跨国企业对人才的需求越来越大,企业一方面需要招聘更多的人才,另一方面也要为如何减少原有的内部员工的离职率提供有效策略。因此,很多跨国企业的雇主为了留住企业内部的人才,保存原本公司的内部竞争力,开始对员工实施弹性工作制的管理政策,这种政策的实施有利于组织对员工实施有效的管理。有部分学者调查发现,跨国企业的弹性工作制的实施有利于培养内部员工对企业的忠诚度,增加员工对企业组织的归属感,减少企业在疫情复苏阶段的员工离职率,提高企业内部核心竞争力。同时,这些企业对内部员工的激励政策也会受到外部应聘者的青睐,为企业招聘外部人才提供了有利的条件。

学者韦斯特曼(Westman,2010)在研究中发现,企业雇主采用弹性工作制,可以有效提高员工对工作的满意度以及对企业组织的归属感,使员工更加信任和依赖企业组织,帮助企业雇主减少由于员工旷工和员工流失所造成的损失,提升员工对企业的忠诚度。学者佩雷茨和罗森布拉特(Peretz & Rosenblatt, 2011)研究发现弹性工作制不仅可以满足员工工作—生活的平衡,对于员工来说,使用灵活工作安排可能有助于自己更好地控制工作时间,同时也可以避免路上交通堵塞,从而降低工作成本。在生活方面,该制度为员工提供灵活的工作安排,减少了时间限制,已成为员工在工作需求与家庭生活需求之间实现平衡的一种有效方式。这种方式有助于降低员工的工作压力和工作厌恶感,缓解员工与家庭之间的冲突,进而提升员工的生产效率和工作满意度,从而改善组织的整体绩效。

另外,有一部分学者的研究对于企业采用弹性工作制对工作-家庭平衡的影响作用,有一些不同的结论。由于灵活工作制可能使员工与雇主面对面沟通减少,会对员工的职业流动性或薪酬的提升产生负面影响。(蒂姆斯等,Timms, et al. 2015)在灵活工作制度下,员工可能更多地在家工作或远程工作,减少了与雇主面对面沟通的机会。这可能导致员工与雇主之间的交流和互动减少,减少了员工与雇主之间的联系和了解。在寻求晋升或职业发展的时候,缺乏与雇主直接的交流可能会影响员工的职业流动性,难以展示自己的能力和贡献。与此同时,员工可能更少地参与办公室内部的活动和团队会议,与同事和上级交流的机会也随之减少。这就导致员工在薪酬谈判和评估时缺乏向雇主展示自己的成就和价值的机会,还可能使员工难以得到薪酬的提升或更高的奖励,对其职业发展产生负面影响。(纽曼等,Newman et al., 1996)

为了克服弹性工作制对员工和雇主带来的负面影响,我们可以采取一些积极的解决方案。首先,企业雇主与员工应定期沟通。雇主应该与员工定期进行线上或面对面的沟通,了解员工的工作情况、需求和职业目标,给予及时的反馈和指导。其次,企业内部应建立有效的评估机制。雇主应该建立客观公正的绩效评估机制,确保员工的贡献得到合理的认可和薪酬提升的机会。再者,企业为员工职业发展提供有力的支持。雇主可以提供专业培训和职业发展支持,帮助员工提升能力和技能,增加职业竞争力。最后,员工可以主动争取展示自己的机会,积极参与公司内部活动和项目,与同事和上级保持良好的合作关系。

综上所述,灵活工作制的使用不仅可以为企业降低成本(包括交易成本),提高企业的财务能力,降低临时员工的流失率,吸引和保留更多有才能的人才等诸多有利之处,而且员工也可从中受益。但并不是在任何条件下都适合使用弹性工作制,如果不考虑对弹性工作制影响的条件而盲目采用,可能会导致员工因不愿意接受弹性工作制而产生负面影响。因此,我们需要通过有效的沟通、评估和职业发展支持计划,使员工和雇主共同努力,缓解这些问题,以提高员工在灵活工作环境下的职业发展和满意度。

二、弹性工作制中员工的工作—生活平衡关系

英国肯特大学(University of Kent)社会科学学院社会政策、社会学与社会研究学院的学者钟熙贞教授与荷兰乌得勒支大学(Utrecht University)塔尼亚教授对于跨学科(社会学、经济学和社会工作)专题有着深入研究与合作,他们发现,大部分学者认为关于社会工作企业用人制度方面,即企业采取弹性工作制度后对员工的工作与生活平衡的影响是基于美国等地区的本土数据,缺乏欧洲等国家的相关数据,而前面我们提到欧洲等国家地区,是最先提倡并推崇当地政府及企业相关社会组织采用灵活工作制度。据统计调查结果,在30个欧洲国家中,大约四分之一的员工拥有灵活的工作时间,大约12%的人在过去一年中每月在家工作几次。在欧洲的平均水平上,男性和女性在日程控制和在家工作方面的差距并不那么明显,尽管平均而言,男性在工作日程控制方面略占优势,而女性更有可能在家工作。因此,部分学者仅基于美国等地区企业采用弹性工作制与员工工作—生活平衡影响研究结果具有一定的局限性,忽略了欧洲多国及全球化范围内数据分析结果。

因此,此项研究需要来自更多国家和不同背景的更具有代表性的实验样本以及全球多国的相关数据样本作为研究基础条件。而不同的国家地区文化背景在决定谁可以获得灵活工作安排和塑造灵活工作的性质方面显得尤为重要,这就可以预测不同国家地区文化背景影响灵活工作与性别平等和员工的工作—生活平

衡之间的关系。与此同时，我们也不能忽视组织环境的关键作用，它在塑造弹性工作制方面也有着重要作用，但往往会被研究学者们所忽视。钟熙贞教授与塔尼亚教授汇总了更多学者的实证研究分析结果，研究范围涵盖专业人士以外的较大部分的社会组织的员工团体。通过观察、分析和总结方法，对员工使用灵活工作制与性别和工作—生活平衡之间的相互关系得出两个结论。

1.企业采用弹性工作制有助于员工实现工作—家庭平衡

企业采用灵活的弹性工作制度，员工可以自由选择工作时间、工作地点和工作方式等来调整自己一天的工作与生活，有效地控制工作强度。

纽曼学者研究发现员工使用灵活工作模式可以有效减少员工的工作强度，缓解工作所带来的压力和焦虑，增强员工工作与生活之间的平衡关系。例如，灵活的工作时间让员工可以错峰上班，避免了高峰时段因堵车带来的困扰，满足了员工灵活通勤上班的需求；而有孩子的双职工父母，可以灵活利用通勤时间，交替接送孩子上学和放学，减轻家中老人接送孩子的生活负担；在家里有突发情况时，员工也可以灵活调整工作时间，优先解决家里的突发事件，再安心并高效地工作。由于员工可以灵活地选择工作时间和工作时长，甚至可以压缩工作时长，将工作集中在一段时间内完成，其他的时间员工则可以参与各类职业能力培训，提高工作能力和拓宽专业视野，也可以参加各种社交场合，拓宽自己的人脉，或组织朋友之间的聚会，放松精神逛街购物等，有更多自由选择的时间和空间满足自己的物质与精神需求。（格日瓦茨等，Grzywacz et al.，2008）

灵活的工作地点譬如远程办公或居家工作更有利于员工平衡工作与生活之间的关系。员工可以在家或工作场所以外的地点随时随地进行工作（甘尼格尔等，Gunnigle et al.，1998）。首先，减少了员工因上下班通勤所浪费的时间，特别是在居住人口较多的城市，通勤时间往往长达一至两个小时之久。但实行弹性工作制后，员工可以将节省下来的时间重新分配到工作计划中，更合理地安排工作时间。其次，远程办公也可以节约一笔通勤费用，以此补贴家里日常所需，或作为提高自己的培训储蓄，特别是对于刚入职的员工，是一种很好的福利政策。

例如，某一线城市的一家IT公司新入职的员工王某，负责公司的网站维护及信息安全。王某是大学应届毕业生，刚参加工作不久，户籍也不在本地，所以需要租房。而为了减少住房支出,他选择了郊区一处房屋租赁,距离公司较远。每天正常通勤需要大约三个小时之久,通勤费用长期下来也是一笔不小开支。其主管领导得知王某的实际情况,根据他的工作性质,又征得王某的同意向公司领导申请远程办公的政策。公司批准之后,王某工作起来比之前更加卖力。在工作一段时间后发现,自己对网站运营管理比较感兴趣,并且公司里这个岗位的晋升通道相对其他岗位更为通畅。为了胜任公司更高管理层岗位,王某利用每天节省的通勤时间和费用,为自己报了一期网页运营与管理的培训课程以提升自己的专业能力和管理能力。与此同时,王某还在公司网页运营管理部门无偿帮忙,将习得的相关知识投入实际工作之中。坚持一段时间之后,王某终于得到了公司部门领导赏识,被提升为网页运营与管理部的部门主管,实现自己的第一个工作五年计划目标。

远程办公不仅给新入职的未婚员工带来诸多福利,同样也受到已入职多年并组建家庭的老员工青睐。老员工不仅节省了上班通勤时间和交通费用,而且可以兼顾工作与家庭。例如,居家办公可以有更多的时间陪伴家人,照顾年幼的孩子和年迈的老人。双职员工可以帮自己的伴侣分担一些日常家务及琐碎的事情,有助于提高家庭幸福指数。

2020年,受疫情影响,全球经济萎靡,2023年全球经济处于恢复上升阶段,职工工作强度与压力相对较大,加班工作已成为现在企业职场白领的常态,较少有时间和家人坐下来沟通。尤其是夫妻,由于长时间缺乏交流和理解,可能会产生矛盾,严重时可能升级为家庭冲突,甚至导致家庭关系的破裂,这都是我们不希望发生的事情。其问题的根本原因在于夫妻间聚少离多,缺乏沟通与了解,自身在工作上受到的压力会带来焦虑和不安,却得不到伴侣的体谅。而居家办公的方式增加了员工在家停留的时间,夫妻之间有更多时间在一起沟通和交流,可以有效缓解工作上所带来的压力和焦虑,在情感生活中给彼此信任和安全感,在家里营造更温馨和睦的氛围,员工的工作与生活之间得以平衡。

2020年受新冠肺炎疫情的影响,政府和企业等社会用人单位实行居家办公政策来共同抵抗疫情的传播,其效果显著,并且很多家庭由于居家办公,得到意外的收获。例如某企业行政人员赵先生,平时生活规律,基本是朝九晚五的行政工作。对于因疫情防控而不得不居家办公,他起初感到有些不安:"要随时'待命',心里绷着一根弦,唯恐一不留神就错过了信息和电话。"因为居家办公,外出调研只能取消,许多工作推进缓慢,甚至无法开展;与同事之间的沟通协作难度加大、时间成本增加,影响了总体工作效率,这一切都让赵先生变得焦虑。不过,经历了几天居家办公后,他逐渐调整了策略:"跟着团队的工作节奏,放松心态,尽量把相对模糊的工作、生活的界限区分开来。"他和妻子约定好工作时间互不打扰,工作时间之外分工做家务,一起聊天、看电视、做运动。妻子对于这样的状态很满意:"现在感觉关系更亲密,相处更融洽了。"

某知名广告公司策划李某,作为一名广告人,本来就是"SOHO 一族",居家办公对他影响不大,"所有地方都是我的办公室。"他说。居家办公的过程中,他的状态更接近"生活就是工作,工作就是生活",虽有些无奈,但已经接受的他"乐观"地安慰自己:"那我就学习灵活对待生活和工作吧,忙的时候努力工作,有空就尽情玩,尽可能杜绝想玩的时候放下一堆事情不处理,回头又要赶工的疲乏心理状态。"如何切换工作和生活?"要听身体怎么说。"李某说,当感觉身体想要"罢工"时,就算工作还没有完成,他还是会选择马上睡一觉,调整好自己的状态。

某事业单位曹某,对疫情期间居家办公有着不同的感受。他以前工作特别忙,每天基本不着家,很少有机会近距离了解女儿每日学习和生活究竟是什么样,所以之前每天回家后听说孩子在学校表现不好,作业也不想做,又听女儿说累不想学的时候,赵某就特别着急,没心思听女儿解释,劈头盖脸就是一顿指责与批评,女儿自然就梨花带雨般地哭了起来。每次看到女儿哭,赵某就心软了,想起他小时候上课时觉得那些功课并不难,而且在学校和同学们玩得很开心,想不通女儿怎么就能不喜欢学习呢?所以赵某和女儿的关系一直处于矛盾状态。疫情期间的居家办公让赵某发现了女儿不爱学习的原因,并找到了解决办法。那段时间赵某每天待在家,听到了女儿上的课程,才发现他们的课原来那么难,作业那么多,学习那么辛苦。突然意识到原来时代真的变了,早已不是自己小时候那个随便学学都能考出优异成绩的年代了。因此,赵某不再一味催女儿学习,不指责女儿,开始倾听女儿的烦恼,与女儿共同面对一些难题,试着帮她解决烦心事,并征得女儿同意,为她报了线上辅导教学课程,和女儿成了学习和生活上的朋友。

2020年,一项面向全国10000名职场人士进行的调查结果显示,居家办公普遍受到职场人士的欢迎,并希望在今后可以继续沿用这种高效、双赢的工作模式,其备受大家欢迎的原因是时间灵活、心情放松和方便照顾家庭,有助于职场人士在努力工作的同时,心情变得放松愉悦,同时又可以更好地肩负起照顾家庭的责任,实现工作与生活的平衡。

2.弹性工作制对职场人士的工作与生活的影响结果,需要参考性别这一关键因素

企业实施弹性工作制,由于员工的性别不同,面对灵活工作的制度实施的态度和工作积极性及家庭生活的影响可能会产生不同的结果。换句话讲,对于弹性工作制度对不同性别的员工的身心健康、工作强度和工作—生活平衡影响程度也有着较大的区别。

正如洛特(Lott)学者在2018年在全球顶尖期刊《社会指数期刊》上发表的一篇关于《弹性工作制可以帮助员工减少工作带来的压力吗?德国男性与女性使用灵活工作时间对工作和家庭的溢出效应》的文章证实上述观点。洛特学者在德国组成的社会经济调查小组,对德国社会的企业员工采用不同的弹性化工作时间制度进行分类整理,他将弹性化工作实践分为三类。第一类是企业管理者或雇主设定固定的工作时间段,员工可以自由选择某一阶段的工作时间和工作时长,前提是要完成企业规定工作任务总时长。第二类是员工可以自由选择工作时间和工作时长,不必受企业管理者或雇主设定的固定时间的限制。第三类是压缩工作时间制,也就是说企业的员工可以把一个星期的工作量,压缩到2到3天内完成,这样剩余的时间就可以自行安排了。这种紧缩工作制的弹性化时间管理方法使员工去企业的时间明显减少,省去了大部分的交通费用,还可以提高企业设备的使用寿命。

洛特学者调查研究后发现,第二种弹性工作制度,即自由选择适合自己的工作时间去工作,可以有效地提高员工工作效率,从工作到家庭的溢出效应的程度最强。而第一种与第三种弹性化工作制度,员工从工作到家庭的溢出效应的程度偏弱。但是,在将数据根据性别进行区分分析后发现,性别差异对员工的工作到家庭的认知的溢出效应有着较为明显的区别。男性相比女性更适合在自由选择

工作时间和压缩工作时间制度下工作，在这两种的弹性化时间选择上男性员工从工作到家庭认知的溢出效应程度更强，而固定的工作时间工作制更适合女员工。

洛特认为，这种结果的产生可能是因为多数女性员工承担着家庭日常生活管理的主要任务，不能够接受无薪或带薪加班等额外的工作负荷，女性员工认为不确定的工作时间、工作时长和压缩工作时间会带来额外的加班工作任务，进而增加弹性化工作时间所导致的压力和焦虑，女性员工在工作中也较少受到弹性化工作时间所带来的福利的影响，因为她们可能更喜欢每天固定的工作时间和工作时长。大多数男性员工则可能免去家庭日常生活管理的任务，可以选择弹性化的工作时间和工作时间长，接受无薪或带薪加班给予的相对自由时间，从而有更多的时间进行日常活动交流以及休闲活动。

弹性化工作时间和工作地点的灵活性都属于弹性工作制的一种表现形式。灵活的工作时间可以调整员工从工作到家庭的认知溢出效应，平衡员工工作与家庭之间的关系，工作场所的灵活性也可以平衡工作与家庭的关系。如何平衡工作与家庭的关系是目前职场员工比较头疼的问题，尤其是对家里有年幼孩子需要照顾的年轻父母是一项难题。杰森·吉姆(Kim, J.)研究发现工作场所的灵活性可以通过加强工作和家庭责任的协调来促进亲子互动。杰森·吉姆教授在本次研究中通过美国早期儿童纵向 ECLS-B 项目的数据，此项目数据采集了全美不同阶层的 13500 名儿童样本，对儿童父母的工作场所灵活性进行了详细分析与调查，发现父母在家工作可以更好地照顾孩子，与儿童的交流互动频率较高，但这些仅限于母亲。而对于父亲来说，灵活的工作地点与日常活动的互动更为频繁，例如朋友聚会、同事聚餐等，在家里陪伴孩子的时间相对较少。这一研究结果与波兰学者安娜·库罗斯卡(Kurowska)学者的研究发现一致，并得到了证实。

安娜·库罗斯卡学者在 2020 年对瑞士和波兰的员工平衡工作与非工作能力对生活的影响的研究中，将研究对象分为男性与女性，进而分析性别差异对员工平衡工作与非工作能力对生活所带来的影响程度是否一致。换句话来讲，这项研究比较了瑞典和波兰国家的双职工夫妇在家工作阻碍或促进一个人的工作—生活平衡关系的程度，其中发现这两个国家文化在性别和家庭政策支持方面也有明显的差异。

第三章 弹性工作制与工作生活平衡理论分析

众所周知,瑞典是一个自由且性别较为平等的国家,国家给予民众的家庭政策包括分娩女性的产假及父亲的陪护产假,以达到促进父亲参与照顾孩子目的。而波兰以典型的保守/传统护理制度而闻名,母亲(被期望)承担大部分照顾儿童的角色。在研究中,安娜·库罗斯卡首次尝试将兰塞姆(Ransome)于 2007 年提出的家庭的"责任的重负"(burden of responsibilities)①这一理论概念,运用到关于员工平衡工作与非工作能力的研究,并提出了一个新的理论分析框架,以评估父母参与非工作活动(这里包含了睡眠、休闲、自我照顾和处理人际关系)的能力。"能力"的概念反映了不仅有足够的时间,而且有足够的体力和精力从事非工作的活动,同时可以在某种程度上承担有偿和无偿工作责任。

安娜运用新的理论框分析量家庭工作(home-based work)对两个具有不同劳动分工模式的国家(波兰和瑞典)平衡工作和非工作能力的影响。她发现,两国男性在平衡工作与休闲方面的能力都高于女性,但瑞典的性别差异比波兰小。在这两个国家,在家工作与母亲平衡工作、休闲的能力较低有关。在波兰,妇女往往是孩子和家庭的主要照顾者,同时还兼顾自己的工作。妇女将在家工作减少上班路上所耗费通勤的时间重新分配到照顾家庭、孩子和料理日常家务上,而不是享受独自休闲,满足内心的欢愉。男性则不是这样,家庭里的父亲很少照顾孩子的衣食住行和料理家务等相关的一些事情。有研究发现,当他们在家工作时,他们"逃脱"了有偿和无偿双重负担的陷阱。这项研究的结果表明,国家的性别标准和人们对母亲和父亲的期望会影响灵活工作制度,进而可能增加或减少家务劳动中的性别差距。

因此,钟熙贞教授与塔尼亚教授研究得出结论,性别在弹性工作制中会对职场人士的工作与生活的产生影响,需要考虑在组织文化、国家背景和家庭结构三种不同的环境下来进行。首先,在某些组织文化中,可能存在性别歧视或偏见,导致对于弹性工作制的实施和利用存在差异。例如,一些组织更倾向于向男性员工提供更多的弹性工作机会,而对女性员工的弹性工作要求持更为保守的态度。而

---

① 责任的重负(burden of responsibilities),即家庭中的责任承担,不仅涵盖了必要的市场和非市场劳动,还包括了"娱乐劳动"这一重要领域。在这个领域,人们参与各种社区活动,以满足休闲和享受的需求,表达内心的幸福和快乐。"责任的重负"的概念具有一个关键优势,即涵盖了人们参与的所有必要活动,因此适用于所有类型的家庭,而不仅仅适用于有年幼子女的家庭。

另一些组织对于女性员工在弹性工作制下照顾家庭的需求可以提供更多的理解和支持,反而对于男性员工存在压力和偏见,不鼓励他们在工作中充分利用弹性工作制。其次,不同国家对于性别平等和弹性工作制的态度可能存在差异。在一些国家,性别平等意识较高,弹性工作制的普及较广泛,为男女员工提供相似的弹性工作机会。然而,在一些保守传统的国家,可能存在性别角色刻板印象,女性被期望更多地在家庭中担负家务和育儿责任,这限制了她们在工作中利用弹性工作制的机会。再者,家庭结构也会影响员工对弹性工作制的体验。例如,在家庭中如果存在共同分担家务和育儿责任的平等观念,妇女更容易在工作中主动寻求弹性工作安排。然而,如果家庭结构中存在传统性别角色分工的观念,妇女可能在工作中面临更多的压力和限制,无法充分利用弹性工作制来平衡工作和家庭。

由此可见,弹性工作制对职场人士的工作与生活的影响会因性别的不同而有所差异,在不同的组织文化、国家背景和家庭结构下,女性和男性员工可能面临不同的挑战和机遇。为实现性别平等和提升工作与生活的平衡,我们需要关注和解决这些不同环境下可能存在的性别偏见和限制。组织、政府和家庭都可以采取积极的措施来支持性别平等和弹性工作制的有效实施。

有学者认为,家庭工作(HBW)使工人更容易兼顾工作和家庭责任,并有更多的时间用于家庭和休闲,从而使工人能够实现工作与生活的平衡(WLB),因为不需要通勤上班(参见 e.g. 鲍威尔和克雷格,Powell and Craig 2015;克罗斯比和摩尔,Crosbie and Moore 2004)。然而,一些作者表示,情况并非总是如此(参见贝哈姆等人,Beham, et, al.2014),而另一些人则发现,在家工作也有其自身的一系列负面影响。例如,它加强了工作和家庭之间界限的渗透性(例如,通过允许多任务处理),从而增加了工作和家庭时间表之间的紧张关系(马什和马森,Marsh and Musson 2008;沙利文和刘易斯,Sullivan and Lewis 2001)。虽然家庭工作具有灵活性和便利性,但也可能导致以下问题:

(1)工作和家庭界限模糊:在家工作可能导致工作和家庭之间的界限变得模糊。由于在家中工作,工作时间和家庭时间可能相互交织,难以划分清楚。这就导致工作时间的延长,影响到休息时间。例如,职场人员有可能利用晚餐时间工作。假设一个妈妈在家中从事自由职业,负责写作和编辑任务。每天晚上,家人都会聚在一起共进晚餐。然而，由于在家工作，她会在晚餐时间收到有与工作相关的紧急邮件或任务。在这种情况下，她可能不得不临时中断晚餐，回复邮件或处理工作事务。这种情况下，工作和家庭的界限就变得模糊了。本应该是家庭聚会和休息的时间，却被工作任务打扰。这就导致妈妈在用晚餐时无法全身心地投入，很可能会让家人感到被忽视。同时，工作的干扰也可能让她感到内疚，觉得不能完全陪伴家人共进晚餐。

因此，案例中的妈妈需要划清工作和家庭界限，尽量避免在晚餐时间处理工作任务，可以通过提前安排工作时间，确保在用餐时能够专心陪伴家人。同时，也要与家人沟通，让他们理解她在家工作的情况，以及在特殊情况下可能需要处理工作事务（博雷加德和亨利，Beauregard & Henry，2009）。合理的沟通和规划，有助于缓解工作和家庭界限模糊所带来的问题，更好地实现工作与生活平衡。

(2) 多任务处理：在家工作容易导致多任务处理，即同时处理多个任务或角色。例如，假设一个妈妈在家从事远程客户服务代表的工作，负责回答客户电话、处理电子邮件和提供在线聊天。与此同时，她还有一个年幼的孩子需要照顾。这种处理多任务可能增加了工作和家庭时间表之间的紧张关系，带来额外的压力和焦虑。在这种情况下，妈妈面临着处理多任务的挑战。她需要在工作时间内处理客户的需求，但同时也需要照顾孩子的日常生活。可能会出现以下情况：首先，当妈妈在接听客户电话时，孩子可能需要她的帮助。这时，她需要快速地应对客户需求，并同时处理孩子的需求。其次，妈妈可能需要在处理客户问题的同时，不断切换到照顾孩子的模式。这就导致她的注意力被分散，工作效率下降。再者，同时处理工作任务和照顾孩子可能会导致时间压力，妈妈需要合理规划工作时间和照顾孩子的时间，以确保两者都得到充分关注，但这是一个极大的挑战。

遇到上述情况，笔者认为职场妈妈需要采取一些有效的策略来应对多项任务处理的挑战。首先，需要制定合理的时间表，明确工作时间和照顾孩子的时间，避免两者交叉干扰。其次，在家中设立一个专门的工作区域，使其成为专注和工作的地方，尽量减少家庭事务的干扰。再有，必要时请家人或保姆帮助照顾孩子，以便妈妈能够专注于工作。最后，让孩子了解妈妈在工作时需要专心处理工作任务，但也在特定时间与孩子互动。多任务处理是居家工作的妈妈们常常面临的挑战之一,但通过合理的规划和有效的时间管理,妈妈们可以兼顾工作和家庭责任,实现更好的工作与生活平衡。

(3)社交隔离:在家工作可能导致工作和社交圈子的减少。与在办公室工作相比,在家工作缺乏面对面的社交互动,可能让人感觉孤独或与外界隔离。例如,从事自由编辑工作的李某,平日里负责撰写文章。由于她是自由职业者,平时在家中的工作空间就能完成工作任务,通过电子邮件等在线平台与客户和合作伙伴进行沟通。在这种情况下,李某可能会面临社交隔离的问题。由于她不需要每天去办公室上班,她与同事之间面对面交流机会很少,这可能导致她在工作过程中感觉孤独,并缺乏与同事互动的机会。

职场人员面对这种由于灵活工作所带的社交隔离情况,可以采用以下措施来缓解。首先,主动联络同事,尽量通过在线聊天、视频会议或电话,与同事保持定期的交流,分享工作和生活的进展;其次,经常主动参加社交活动,参加社区活动、工作坊、行业研讨会等,扩大自己的社交圈子,结识新的朋友;再者,申请加入专业网络群或社交媒体组等,与行业同行交流经验和资源。最后也可以选择到咖啡馆、共享工作空间或图书馆等地方工作,与他人进行交流,改善社交隔离状态。通过以上努力,职场人士可以在家工作的同时,积极缓解社交隔离带来的负面影响,保持社交互动,增进个人的社交能力。

(4)工作时间不受限制:在家工作可以使工作时间变得不受限制,导致工作超出正常办公时间。工作与家庭时间的交叉可能导致工作无法有效地终止,对身心健康产生负面影响。例如从事电子商务店主工作的女性,经营着一个在线商店,负责管理商品库存、处理订单、回复客户邮件等。由于她是自己的老板,没有固定的上班时间,可以自由安排工作时间。然而,由于工作的特殊性,这位女性可能会面临工作时间不受限制的问题。她发现自己难以设定工作时间的界限,因为在家中办公,工作和家庭的界限变得模糊。她会发现自己在晚上、周末甚至节假日都在处理工作任务,而无法顺利地脱身。长此以往,这位女性很可能会因为工作时间过长,而无法得到足够的休息时间,导致身心疲劳,影响自身身体健康和工作效率;另外,由于工作时间不受限制,店主老板很容易忽视家庭,导致家庭冲突。过度的工作还可能导致与家人和朋友的社交互动减少,增加社交隔离的风险。

面对工作时间不受限制的问题,职场人士可以给自己制定固定时间表,设定合理的工作时间,明确工作开始和结束的时间,避免工作时间的无限延长。很多职场人士由于对工作专注度较高,常常忘记了工作时间,因此可以在设定的工作时间结束时,设置闹钟提醒自己结束工作,转向休息回归家庭。如果选择在家工作的人士,可以在家中设立一个专门的工作区域,工作时间内尽量避免处理家庭事务。工作之外要保持与家人的沟通,协调好家庭时间和工作时间,确保在家庭和工作之间取得平衡。通过合理规划工作时间和家庭时间,职场人士也可以解决工作时间不受限制带来的问题,实现更好的工作与生活平衡。

三、实证案例

1. 妈妈岗位

妈妈岗位是一种特别的工作安排,旨在帮助有子女的母亲在工作和家庭之间实现平衡。它注重提供灵活性和适应性,以满足母亲们在照顾孩子的同时,也能兼顾职业工作的需求。这样的设计让妈妈们能更好地协调个人生活和职业发展,提高生活质量和工作满意度。

湖北武汉有家企业最早为有孩子的女性设立妈妈岗位。2023年以来,全国正在探索及推行"妈妈岗"的实施工作,关注已生育女性就业的企业和组织越来越多。2023年4月,广东省人力资源和社会保障厅发布《关于推行"妈妈岗"就业模式促进妇女就业的实施意见(征求意见稿)》。所谓"妈妈岗",其工作模式制度属于弹性工作制的范畴,整体可分为以下几个方面。

(1)弹性工作时间:妈妈岗位通常允许母亲根据家庭需求自由安排工作时间。这意味着她们可以在特定的时间段内工作,以便照顾孩子的日常需求。

(2)远程工作选项:妈妈岗位通常提供远程工作的机会,让妈妈可以在家中或其他适合的地方工作。这种安排通过使用技术和在线协作工具,使妈妈能够远程处理工作任务,并与团队和客户保持联系。

(3)灵活工作安排:妈妈岗位通常允许母亲在一定程度上自由安排工作任务和工作量。这样,她们可以更好地平衡家庭责任和工作任务,并根据需要进行调整。

(4)带薪假期和休假:妈妈岗位通常提供带薪的产假、育儿假或家庭照顾假等福利,以支持母亲在孩子出生、成长和需要照顾时获得必要的休假和支持。

(5)职业发展支持:妈妈岗位的雇主通常提供职业发展支持,例如培训、教育补贴或职业晋升机会。这样,母亲可以继续提升自己的技能和知识,保持竞争力。

(6)兼职和临时工作:许多组织提供兼职和临时工作的岗位,适合妈妈在自己灵活的时间内从事工作。这种安排允许妈妈根据需要选择适合的工作量和时间,以平衡家庭和工作之间的需求。

(7)创业和自主经营:有些妈妈选择创办自己的企业或成为自由职业者,以便更好地掌控自己的工作时间和家庭生活。这种安排为妈妈提供了更大的灵活性和自主性,让她们能够根据自己的需求和时间表经营事业。

在全球历史文化背景下,"妈妈岗位"的发展颇为曲折,主要经历六个重要的阶段。

第一个阶段:起初的限制。第二次世界大战之后,社会普遍认为妇女在家庭中担任主妇和照顾孩子的角色。这导致妇女在职业发展中受到限制,许多妈妈选择全职照顾孩子而放弃了自己的职业。在许多国家,妇女的职业选择受到限制,因此很少有妈妈会选择工作而非全职照顾孩子。社会普遍期望妇女在婚后担任主妇角色,并将大部分时间用于照顾孩子和家庭。这种观念限制了妈妈们进入职业领域并发展自己的事业。

在当时能够提供给妈妈的就业岗位较少,妈妈们很难找到合适的工作机会。许多雇主更倾向于招聘男性,认为他们更适合持续从事专业化工作,而妈妈们可能会因为家庭责任而面临离职或职业中断的风险。同时在欧洲许多国家对妈妈们存在着一些社会观念和歧视行为,认为妇女在职业领域不如男性。妈妈们可能面临性别歧视,被认为不能在工作中与男性同等竞争或发展。当地政府和社会组织很少有支持妈妈们平衡工作和家庭的政策和资源。缺乏带薪产假、育儿假以及灵活的工作时间等福利,妈妈们面临极大的困难。这些限制导致许多妈妈在过去选择了全职照顾孩子,将职业发展置于次要位置。这反映了社会对性别角色的固定观念以及对妇女在职场中地位的认知不足。然而随着时间的推移,社会观念逐渐变化,政策和支持措施的出现使妈妈们有了更多的职业选择和机会。

第二个阶段:女性解放和就业机会扩大。20世纪60年代和70年代,随着女性解放运动的兴起和对性别平等的呼吁,妇女开始争取平等的就业机会。这促使越来越多的妇女追求职业发展和参与社会工作,包括有孩子的妈妈们,这让她们获得进入职场的机会,并开始在工作中追求自己的职业发展。

第一,反性别歧视法律形成。在许多国家,针对性别歧视的法律得到了加强和实施,禁止在就业和职业发展方面对女性进行歧视。这为妇女争取工作权益和平等机会提供了法律保护。反性别歧视法律的形成是为了确保男女性别平等,保护个人免受基于性别的歧视和不平等待遇。以下是一些常见的形成反性别歧视法律的途径。

(1)宪法和人权法:许多国家的宪法或人权法中包含了禁止性别歧视的条款,确保所有人在法律面前都享有平等的权利和机会。这些法律为制定和实施反性别歧视的具体法律提供了基础。

(2)性别歧视法律:国家和地区可以通过立法来禁止性别歧视,并确立相关的法律框架。这些法律通常涵盖就业、教育、住房、健康保健等领域,明确禁止基于性别的歧视和不平等待遇,并规定违反法律的后果和救济措施。

(3)平等机构和人权机构的设立:许多国家设立了专门的平等机构或人权机构,负责监督和执行反性别歧视法律。这些机构通常负责接受和调查性别歧视投诉,提供法律援助,进行宣传教育,并提供纠正措施和救济途径。

(4)国际和地区公约:国际组织和地区组织制定了一系列公约和协定,以推动性别平等和反性别歧视的国际标准确立。这些公约对于国家制定和实施反性别歧视法律提供了指导和参考。

(5)社会运动和倡导组织:社会运动和倡导组织在推动反性别歧视法律的形成和实施方面起到了重要作用。他们通过提供意见和建议等方式,向政府申请关注性别平等问题,政府也随即采取相关的立法行动。

尽管反性别歧视法律的形成无疑是一项重大且积极的进展,但更重要的是如何实施和有效执行这些法律。教育、宣传以及提升社会意识同样是消除性别歧视的关键因素,它们共同助力构建一个更加平等和包容的社会。

第二,女性受教育机会增多。随着女性受教育机会的增多,越来越多的女性接受高等教育并获得专业技能,这使得女性在职场中具备更多的竞争力和机会。女性受教育机会的增多是一个积极的社会发展趋势,已经在许多国家取得了显著的进展。关于女性受教育机会增多对全球社会地区会产生重要方面和影响。首先,增多经济机会。女性教育机会的增多有助于打破贫困循环,为女性提供更多的就业和经济机会。研究表明,当女性受教育水平提高时,家庭和社区的整体经济状况也会得到改善。其次,促进社会平等。通过提供平等的教育机会,女性可以获得与男性同等的知识和技能,从而有更多的选择权。这有助于消除性别不平等,促进社会的平等和公正。再次,促进健康与家庭福祉。女性受教育对个人和家庭的健康和福祉产生积极影响。受教育的女性更有可能了解卫生知识、掌握生育规划技巧,并更有可能给他们的孩子提供更好的照顾和教育,进一步提高了社会发展水平。女性受教育机会的增多有助于提高社会的整体发展水平。教育培训有助于培养技术人才和领导人才,增加创新和创造力,并为社会问题的解决提供更多的资源和智慧。最后,推动可持续发展。联合国可持续发展目标中的第四个目标是确保包容、公平和优质的教育,并促进终身学习机会。为了实现这一目标,需要确保女性和男性都能享有平等的教育机会。

尽管在全球范围内女性受教育情况取得了进展,仍然存在一些挑战和障碍,如性别偏见、贫困、文化观念等。为了进一步增加女性的受教育机会,我们需要采取综合性的政策措施,包括改善基础教育设施、提供经济支持、鼓励家庭支持和社会意识的改变等。这样才能实现更加包容和公正的社会,为女性提供平等的教育机会。

第三,欧洲工业和劳动力需求变化。随着经济和产业结构的变化,工业和劳动力需求扩大,对人力资源的需求也在增加。这为妇女提供了更多的就业机会和职业发展空间,例如服务业的扩张。服务业在欧洲经济中的份额不断增加,这为妇女提供了更多就业机会。零售、餐饮、旅游、金融和医疗等服务领域的需求增长,为妇女提供了更多进入和发展的机会。随后知识经济迅速崛起,随之而来的是对知识工作者和技术专家的需求增加。这些行业通常更注重员工的技术和能力,而非性别。因此,妇女在科学、技术、工程和数学领域以及其他知识密集型行业中的机会正在增加。接下来,欧洲性别平等倡导呼声越来越高。欧洲社会对性别平等的重视程度不断提高,政府和组织正在采取措施来促进妇女在工业和劳动力市场中的参与。这些措施包括性别平等法律、性别配额、家庭支持政策、职业培训等,旨在打破性别歧视和促进妇女的职业发展。最后,灵活工作的安排实施。随着工作环境和组织结构的变化,更多的企业和组织提供灵活的工作安排,如弹性工作时间、远程办公等,这些灵活性的工作模式为妇女提供了更好地平衡工作和家庭责任的机会。

尽管如此,社会上仍存在一些性别不平等的问题,如工资差距、职业障碍和性别刻板印象等。因此,继续努力实现性别平等和消除性别歧视仍然是重要的任务。政府、企业和社会各界需要共同努力,为妇女提供平等的机会,确保她们能够充分发挥潜力并取得职业发展上的成功。

第四,妇女开始参与政府决策。女性在政府决策层面的参与增加,为性别平等和女性权益争取更多的政策支持和改革机会,这促进了女性在职场中地位的提升和机会的增多。妇女参与政府决策主要体现以下五个方面。

(1)政治参与和领导角色:妇女在政府和政治领导层的参与是实现性别平等的关键。政府可以通过鼓励妇女竞选和提供支持,确保妇女在政府决策层和立法机构中有代表性。此外,采取性别配额和倡导性别平等的政策也可以增加妇女的政治参与。

(2)性别平等法律和政策:政府可以制定和实施性别平等法律和政策,确保妇女在各个领域获得平等的权利和机会。这包括制定反性别歧视法律、保护妇女权益、推动性别平等教育和培训等。

(3)参与咨询和决策过程:政府在制定政策和决策时,应该积极征求妇女的意见和建议。通过设立咨询机构、成立专门的妇女委员会,邀请妇女代表参与决策过程,确保充分听取妇女的声音。

(4)社会经济政策的性别透明度:政府在制定社会经济政策时,应该考虑到性别的因素,并进行性别透明度评估。这意味着政策制定者要分析政策对女性和男性的影响,并采取措施以促进性别平等。

(5)性别平等教育和宣传:政府可以通过教育和宣传活动来增加对性别平等的意识和理解。这包括在学校教育中强调性别平等的重要性,推广性别平等的宣传活动,以及提供关于妇女权益和平等的信息和资源。

提升妇女参与政府决策水平需要一个综合性的过程,需要政府、政策制定者、妇女组织和整个社会的共同合作。通过确保妇女在政府决策中发挥积极作用,我们可以推动性别平等的实现,建立一个更加包容和公正的社会。

第五,妇女职业网络和支持组织:妇女职业网络和支持组织的兴起为女性提供了交流、资源和职业发展的平台。这些组织提供培训、导师指导和就业机会的连接,帮助妇女在职场中取得成功。

例如,在交流和分享资源方面,妇女职业网络提供了一个平台,让女性能够相互交流、分享经验和资源。通过这种交流,女性可以互相支持、分享职业发展的挑战和机会,并从彼此的经验中获得启发和指导。与导师和教练关系方面,支持组织通常提供导师和教练计划,帮助妇女与有经验的成功导师建立联系。这些导师可以提供职业指导、建议和支持,帮助妇女发展其领导能力和职业技能。女性的培训和职业发展机会方面,支持组织经常组织培训、研讨会和工作坊,为妇女提供专业技能的提升和职业发展的机会。这些机会可以帮助女性增强自信、扩展就业渠道,并获得与职业目标相符的工作机会。在女性就业机遇的无缝衔接方面,妇女职业网络和支持组织可以帮助妇女与潜在雇主建立联系,提供就业机会的信息和资源。这些组织通常与企业、组织和行业内的相关人士有合作关系,使妇女能够获得更多的职业机会。在倡导和推动性别平等方面,支持组织还发挥着倡导性别平等和推动变革的作用。他们通过研究、政策倡导和行动计划来提高人们对性别平等问题的认识,并推动政府、企业和社会采取措施来消除性别歧视,促进妇女的职业发展。

这些妇女职业网络和支持组织的存在为妇女提供了一个有力的支持体系,帮助她们克服职场中的挑战,发挥潜力,并取得成功。这种支持对于促进性别平等、推动妇女在职场中的发展至关重要。女性职业的发展趋势和影响推动了妈妈们参与职业工作,增加了职业发展的机会。女性解放和就业机会的增多为妈妈们提供了更多选择,使她们能够在工作和家庭之间寻找平衡,并追求个人更高的职业目标和成就。

第三个阶段:弹性工作安排的出现。随着社会的变迁和家庭结构的改变,妈妈妈们面临着平衡工作和家庭的问题。为了满足这种需求,一些组织开始提供弹性工作安排,例如灵活的工作时间、远程工作和部分时间工作等。这为妈妈们提供了更大的灵活性和自主性,使她们能够更好地平衡工作和家庭。一是灵活的工作时间。组织提供灵活的工作时间,使妈妈们能够根据家庭需求自主安排工作时间。这意味着她们可以选择在特定时间段内工作,以便更好地照顾家庭需要,如接送孩子上学、陪伴他们活动等。二是远程工作。这种安排允许妈妈们在家或在其他地点工作,减少了通勤时间和成本。这种灵活性使她们能够更好地管理工作与家庭的平衡,并在必要时及时处理家庭事务。三是部分时间工作。这是一种灵活的安排,允许妈妈们在工作时间上有所减少,以便更好地照顾家庭。这种安排可以是每周减少工作天数或每天减少工作小时数,使妈妈们能够腾出更多时间投入家庭中。四是个性化安排。一些组织提供个性化的工作安排,根据妈妈们的具体需求和情况进行调整。主要包括灵活的工作地点、特殊的工作安排或特定的休假政策,以便她们更好地平衡工作和家庭。

弹性工作安排的出现对于妈妈们来说是一种重要的支持,有助于她们更好地兼顾工作和家庭。这种安排不仅有助于提高妈妈们的生活质量,还能促进女性在职场中的参与程度和职业发展。同时,弹性工作安排也使组织能够留住和吸引优秀人才,增高员工的工作满意度和忠诚度。

第四个阶段:妈妈友好政策的实施。一些国家和组织开始采取政策和措施来支持妈妈们在工作中的平等权利和家庭责任的平衡,包括提供带薪产假、育儿假、弹性工作时间和托儿服务等福利,以及鼓励雇主制定对妈妈友好的工作环境和政策。这些举措都将帮助妈妈们更好地管理工作和家庭之间的需求。

具体来说,带薪产假和育儿假:许多国家规定了带薪产假和育儿假的权益,允许妈妈们在生育和抚养孩子的早期获得休假,并享受一定的薪资补偿。这有助于妈妈们有足够的时间照顾新生儿,同时保障她们的职业地位和经济稳定。弹性工作时间和远程工作:提供弹性工作时间和远程工作选项使妈妈们能够更好地平衡工作和家庭责任。这些安排允许她们根据需要调整工作时间和地点,更好地处理家庭事务,进而更加灵活地提升工作效率,促进职业发展。托儿服务和儿童照护补贴:这是帮助妈妈们解决孩子的照顾问题,特别是在工作时间内。这些服务和补贴可以减轻妈妈们的负担,使她们能够专注于工作,并放心地将孩子托付给可靠的照护机构。妈妈友好工作环境:雇主可以制定妈妈友好的政策和工作环境,如哺乳室设施、家庭支持计划等,这些措施有助于营造一个支持妈妈们平衡工作和家庭的办公环境,并提供适应她们需求的支持。

以上政策和措施都是旨在帮助妈妈们更好地平衡工作和家庭,提高她们的生活质量,并促进性别平等。对于吸引和保留有才华的女性员工,促进其在职场中的参与和晋升,以及实现更加平等和包容的工作环境都是非常重要的。

第五个阶段:妈妈创业和自主经营的崛起。随着对工作和家庭平衡的追求,越来越多的妈妈选择创办自己的企业或成为自由职业者。这样一来,她们可以更好地掌控自己的工作时间和照顾家庭生活,以满足个人的职业抱负和家庭需求。

妈妈创业和自主经营的崛起是一个值得关注的趋势。许多妈妈选择创业或成为自由职业者的原因与对工作和家庭平衡的追求密切相关。首先,工作时间灵活。创业或自主经营使妈妈们能够更好地掌控自己的工作时间,她们可以根据家庭需要自主安排,平衡照顾孩子和职业发展。其次,事业掌控权。创业和自主经营使妈妈们能够拥有更大的事业掌控权,她们可以自主决策和规划职业的发展方向,为自己设定目标,并创造适合自己家庭需求的工作模式。再次,实现职业抱负。通过创业或自主经营,妈妈们有机会实现自己的职业抱负和追求个人兴趣,她们可以选择从事自己热爱和擅长的领域,将工作与个人价值及兴趣相结合。最后,获得经济独立。妈妈们通过自己的努力获得收入,减轻家庭经济负担,并为家庭提供支持。

妈妈创业和自主经营的崛起为妈妈们提供了一种更加灵活同时又满足个人需求的职业选择。然而,创业和自主经营也面临着一些挑战,如风险承担、资源需求和市场竞争等。因此,适当的支持和资源(如创业培训、融资支持和商业咨询等),对妈妈们创业和自主经营的成功实现至关重要。

第六个阶段:妈妈社群和支持网络的形成。妈妈们逐渐形成了自己的社群和网络,通过线上和线下的交流与分享,相互支持和鼓励。这些社群为妈妈们提供了资源、经验和职业发展的机会,让她们能够在工作和家庭之间共享智慧。

具体来说,妈妈社群和支持网络为妈妈们提供了一个平台,在这里她们可以分享经验、智慧和资源,涉及育儿技巧、工作挑战、创业经验、职业发展机会等方面,使妈妈们从彼此的经验中获益,并得到实用的建议和指导。妈妈社群和支持网络既可以在线上平台中进行,如社交媒体群组、专业论坛等,也可以通过线下活动,如研讨会、工作坊、聚会等。这种交流方式使妈妈们能够建立更紧密的联系和真实的互动,共同分享和成长。在彼此的交流与互动过程中,妈妈社群和支持网络中的成员之间形成了一种互相支持和鼓励的文化氛围。妈妈们可以相互倾诉,分享彼此遇到的挑战和取得的成就,给予彼此鼓励和支持。这些都可以帮助妈妈们克服困难,增强自信,并找到在工作和家庭中取得平衡的方法。

妈妈社群和支持网络还为妈妈们提供了职业发展的机会。通过这些社群和网络,妈妈们可以了解到职业培训、就业机会、创业合作伙伴等资源,帮助自己在职业道路上获得更多的发展机会。久而久之,这些妈妈社群和支持网络可以为妈妈们提供了一个有力的支持系统,通过这些社群和网络,妈妈们找到与自己有类似经历的人,共同面对挑战并分享成功的喜悦,帮助自己在工作和家庭之间取得平衡,并实现个人和职业发展的目标。

2.妈妈岗位的未来发展模式

妈妈岗位的未来发展模式将继续受到社会和科技的影响。随着时间的推移,妈妈岗位中可能会涌现出更加灵活且多元化的工作模式。技术的进步和互联网的普及使得许多职业可以在家中或其他地方进行远程工作,而远程工作和灵活的工作时间将成为未来妈妈岗位的主要特征。这种灵活性使得妈妈们可以更好地平衡工作和家庭责任,并根据孩子的需求灵活调整工作时间。具体岗位有企业远程客户服务代表、灵活工时的医疗专业人员、自由教师、健康顾问、健身教练等。

企业远程客户服务代表是一些公司专为妈妈提供远程客户服务代表的一种岗位,她们可以在家中通过电话、电子邮件或在线聊天与客户进行沟通。这种岗位允许妈妈们在灵活的工作时间内处理客户需求,同时照顾孩子。远程客户服务代表的岗位为妈妈们提供了一种灵活的职业选择,使她们能够在家中照顾孩子的同时处理客户需求。通过合理的时间安排和专业的客户服务技能,妈妈们可以充分发挥自己的能力,实现工作和家庭的平衡。

灵活工时的医疗专业人员是一些医院或医疗机构为女性医疗专业人员提供

灵活的工作时间,如医生、护士或医学实验室技术人员。这样,她们可以选择适合自己的工作时间表,从事医疗工作的同时也能够照顾孩子。某些医疗机构还提供远程医疗工作的机会,特别是在诊断、咨询和监护方面。这使得医疗专业人员中的妈妈们可以在家中通过远程技术与患者进行医疗交流和诊断,减少了她们的通勤时间,提供了更灵活的工作安排。在拥有灵活工作时间的便利环境下,妈妈们仍有机会继续发展自己的专业知识和技能。医疗机构通常会提供培训和继续教育的机会,使她们能够不断更新医疗知识和掌握新的技术,提高自己的职业水平。这种灵活性对于妈妈们来说非常有价值,使她们能够平衡工作和家庭,并继续发展自己的医疗事业。

自由教师职业代表着某些学校或教育机构给教师提供灵活的工作时间,特别是妈妈教师。她们可以选择全职或兼职教学,根据孩子的上学和放学时间安排工作,以便更好地接送孩子。她们可以将教学时间集中在上午或下午,这样在接孩子放学后仍有时间陪伴他们。妈妈教师有了更多陪伴孩子的时间,可以参与孩子的日常生活,陪伴他们完成学校任务,共同参加活动,培养孩子们的兴趣爱好,增进亲子关系。自由教师还可以利用灵活的工作时间来追求自己的职业发展,参加专业培训、进修课程或学习新的教学方法和技术,不断提升自己的教育能力和教学水平。作为自由教师,妈妈们可以同时兼顾教育事业和家庭责任,实现工作和家庭的平衡。这种平衡不仅可以带来职业满足感,让妈妈们在教育领域有所贡献,还可以陪伴自己的孩子与其一同成长。自由教师的角色为妈妈们提供了一种灵活的教育工作选择,通过合理安排工作时间,她们更好地平衡教学任务和家庭责任,与孩子共度时间,并在教育领域中发挥自己的专业知识和教育经验。

健康顾问和健身教练。对于在健康和健身方面有专长的妈妈,她们可以成为健康顾问和健身教练。通过提供个人指导、在线课程或健身咨询服务,她们可以灵活地与客户合作,并在适当的时间照顾孩子,具体有以下几种形式。个人指导,即妈妈健康顾问和健身教练可以与客户一对一合作,根据客户的目标和需求,为其制定个性化的健身计划和饮食指导。这种个人指导可以更好地满足客户的健康需求,并在实现结果方面更加有效。在线课程,即妈妈健康顾问和健身教练可以开设在线健身课程,通过互联网和数字平台,她们可以将健身课程传递给更多的学员,不受地域限制。这样的方式为妈妈们提供了更多灵活性,可以根据自己家庭时间表安排上课时间。健身咨询服务,作为健康顾问和健身专家,妈妈们可以提供健身咨询服务。通过电话、视频或邮件等方式,她们可以与客户进行远程交流,回答问题,解决客户在健康和健身方面的疑惑。专业培训,为了提供更专业的服务,妈妈健康顾问和健身教练可以参加相关培训并获得认证。这有助于提升她们的专业知识和技能,为客户提供更高质量的健康指导。妈妈健康和健身教练不仅可以通过健身指导帮助客户改善健康,还可以成为客户的激励与鼓励者。她们可以分享自己的健康故事和经验,激励客户积极改变生活方式,提高健康意识。

未来的妈妈岗位可能会更加依赖数字化技能。随着科技的发展,数字化营销、社交媒体管理、在线教育等领域将成为妈妈们的职业选择。妈妈们可能需要掌握与技术相关的知识和技能,以适应日益数字化的职场环境。根据数字化技能需求的不断增加,在线课程创作者、社交媒体管理者和专业写作与编辑等职业岗位,对妈妈们来说都是不错的选择。

在线课程创作者,即妈妈们可以开设在线课程,利用自己的专业知识、技能和经验,开设在线课程,教授各种技能和知识,可以涵盖各个领域,如烹饪、手工艺、家庭管理、教育指导等。通过在线平台,她们能够传授自己的知识与技能,帮助他人学习和成长。通过开设在线课程,妈妈们有机会赚取收入。学生可以通过购买课程、订阅课程或支付学费等方式付费参与课程。这样,妈妈们就能够将自己的知识和技能转化为经济回报,并为家庭贡献收入。此外,妈妈们可以建立自己的个人品牌和专业声誉,通过提供高质量的课程和优秀的学习体验,树立自己在特定领域的专业形象,吸引更多的学生,扩大自己的影响力,这为妈妈们提供了一个充满创业精神和自主性的新机会。这样的平台不仅能让她们分享自己的知识和技能,还能通过赚取收入实现经济独立,更好地支持家庭。同时,妈妈们在这个过程中也能不断学习和发展自己的教学能力和专业素养,实现个人成长和进步。

社交媒体管理者。许多公司需要专业的社交媒体管理人员来管理他们的社交媒体账户和策划营销活动。妈妈们可以通过远程工作或兼职方式担任这样的角色,以灵活地处理社交媒体任务,同时不耽误照顾孩子。社交媒体管理者通常可以通过远程工作的方式履行工作职责,这使得妈妈们可以在家中或任何其他地方进行工作,通过互联网与团队、客户进行沟通,并管理社交媒体账户。妈妈们在自由安排工作时间后,可以根据自己的实际情况安顿好孩子和家庭需求。她们可以选择在孩子上学、放学或睡觉时处理社交媒体任务,以便更好地平衡照顾孩子与处理工作。妈妈们运用自己对社交媒体的理解,担任社交媒体管理者的角色,通过对社交媒体平台的发展趋势和受众行为的了解,制定营销策略、撰写内容、管理互动,并监测和分析社交媒体数据,甚至可以参与制定和执行营销策略,帮助公司在社交媒体平台上建立品牌形象、提高知名度,提升与受众的互动。她们可以根据受众的兴趣和行为,制定有针对性的内容和广告活动,并通过社交媒体工具监控和评估活动效果。社交媒体行业变化快速,不断涌现新的趋势和技术。作为社交媒体管理者,妈妈们可以通过参加培训、研究行业动态和与同行交流,不断提升自己的专业知识和技能,这也有助于她们在社交媒体领域保持竞争力并实现个人的职业目标。作为社交媒体管理者,妈妈们可以在灵活的工作时间内处理社交媒体任务,同时照顾孩子和家庭,同时充分发挥自己在社交媒体领域的专业知识,助力公司在社交媒体平台上取得成功,并为公司的营销活动和品牌形象塑造良好形象。

专业写作与编辑。有些妈妈具备写作或编辑的专业能力,她们可以选择成为自由职业的写作人员或编辑,接受各种写作项目、编辑任务,成为自由职业的作家或编辑。她们可以为企业或个人提供编辑写作服务,帮助提高文章、图书、网站内容等的文字质量和内容准确性。作为自由职业的写作人员或编辑,妈妈们可以利用互联网和远程工作的优势,不受地域限制,与客户或团队进行沟通和合作。这样的工作方式为她们提供了更多灵活性和便利性,便于其在合适的时间内完成工作任务,同时照顾孩子和家庭。妈妈们利用自己的专业写作或编辑知识和经验,为客户提供高质量的服务,通过在擅长领域内获得的专业知识,例如医疗、育儿、旅游等,在相关领域的写作和编辑任务中提升竞争优势。通过成为自由职业的写作人员或编辑,妈妈们可以兼顾自己的专业发展和家庭责任,利用自己的专业能力,从事各种写作和编辑任务,并通过远程工作的方式实现更好的工作与家庭平衡。同时,作为自由职业写作和编辑,她们可以为客户提供有价值的服务,并为自己创造职业成就感和实现经济独立。

未来创业和自主经营将继续成为妈妈们的重要选择。自主创业可以让妈妈们更好地控制自己的工作时间和家庭生活,同时发挥自己的专业知识和创造力。未来我们可能会看到更多妈妈创业家在各个行业中兴起,例如妈妈企业家和电子商务店主。

妈妈企业家,即有些妈妈选择创办自己的企业,以便更好地掌控自己的工作时间和家庭生活。这样,她们可以根据需要管理自己的事业,并灵活安排工作,以适应孩子的需求。作为妈妈企业家,她们可以根据家庭、孩子的需求来安排自己的工作时间,制定灵活的工作时间表,以便更好地平衡工作和家庭责任。妈妈企业家通常会将自己的技能和经验应用于创业过程中,利用之前的职业背景或专业知识,将其转化为实际的业务和服务。她们可以根据自己的兴趣、技能和经验选择创业领域,并为自己的企业设定目标和发展方向,通过创业实现了自主决策和自主经营。妈妈企业家的独特之处在于她们可以将自己作为母亲的视角融入企业发展中,这使得她们更加关注儿童和家庭相关的产品或服务,满足更多家庭的需求。同时,妈妈企业家的成功和经验可以激励其他妈妈追求自己的创业梦想,其经历和成就为其他妈妈提供灵感,并展示了如何在家庭和事业之间取得平衡。因此,妈妈企业家不仅仅是创业领域的开拓者,还在家庭和孩子的成长历程中发挥着不可或缺的作用。她们通过创业实现经济独立,并通过自己的企业为社会提供价值,她们的努力和奉献为其他妈妈们树立了榜样,促进了妇女创业的发展。

电子商务店主。妈妈们可以创建自己的在线商店,并通过电子商务平台销售产品。这种方式可以让她们在家中经营业务,自由安排工作时间,并根据需要处理订单和客户服务。电子商务店主往往可以在家中经营业务,通过互联网和电子商务平台展示和销售产品,省去了传统实体店面的租金和经营成本,同时也为妈妈们提供了更多的灵活性和便利性。首先,妈妈们可以自由安排自己的工作时间,根据家庭需求和孩子的时间安排来处理业务,例如在孩子上学、睡觉或玩耍的时间段内进行工作。其次,妈妈们可以灵活处理订单和客户服务。通过电子商务平台,妈妈们可以灵活地处理工作,根据需要回复客户的咨询,及时处理订单和发货,并提供专业的售后服务。再次,妈妈们可以选择经营自己感兴趣的产品或与自己的专业背景相关的产品,以便更好地发挥自己的专业知识,为产品的推广和销售提供更有价值的内容和服务。最后,通过电子商务店铺,妈妈们可以实现经济独立,为家庭提供稳定的收入来源。她们可以根据自己的业务发展和市场需求,不断提升销售业绩和经济收入,利用社交媒体和网络营销手段来推广自己的产品和品牌,与潜在客户建立联系,增加品牌知名度和产品销量。妈妈们成为电子商务店主是一种有前景且灵活的创业方式。通过创建自己的线上商店,她们可以在家中经营业务,并根据家庭需求灵活安排工作时间。同时,通过社交媒体和网络营销,她还可以以提高品牌知名度,并与潜在客户建立紧密联系,为企业的发展和增长创造更多机会。

除上述适合妈妈工作的岗位之外,根据妈妈独有的育儿经验、技能和天赋,还有很多适合妈妈的岗位,例如妈妈顾问、儿童保育提供者以及妈妈摄影师。这些岗位都充分利用了妈妈们的独特经验和技能,为她们提供了更多灵活性和自主性。作为职业妈妈们,她们可以通过选择适合自己的工作模式和领域,平衡工作和家庭责任,并实现自己的职业抱负。同时,她们还可以通过这些职业为社会提供有价值的服务,成为其他妈妈们的榜样。

妈妈顾问:一些机构或公司雇佣专门的妈妈顾问,通过提供育儿建议、家庭管理咨询等服务,帮助其他妈妈解决育儿和家庭问题。一是育儿建议和指导。通过分享自己的经验和专业知识,提供实用的育儿技巧、教养方法和解决问题的策略。二是家庭管理咨询。妈妈顾问可以提供这方面的咨询服务,帮助其他妈妈更好地管理家庭事务、时间安排和资源分配。她们可以提供家庭组织和规划的建议,协助制定家庭目标和优化家庭运作。三是解决问题和提供支持。妈妈顾问可以成为其他妈妈们的支持系统,帮助她们解决面临的问题和困惑。她们可以倾听并理解其他妈妈的需求和挑战,提供支持、鼓励和实用的解决方案,帮助她们应对困境并找到合适的平衡点。四是个性化的咨询和指导。妈妈顾问能够根据不同家庭的需求和情况,提供个性化的咨询和指导。根据每个妈妈的特定情况,量身定制适合她们的解决方案和建议,帮助她们实现个人和家庭目标。五是专业资源和网络。妈妈顾问可以向其他妈妈提供专业资源和支持网络。她们可以分享有关育儿、家庭管理和资源获取的信息,引导妈妈们找到合适的教育、健康和娱乐资源,并帮助她们建立有益的社交网络和支持系统。妈妈顾问的角色是为其他妈妈们提供专业的建议、支持和指导,帮助她们在育儿和家庭管理方面取得更好的平衡。她们的专业知识和经验将为其他妈妈提供宝贵的帮助和支持,使她们更加自信地应对各种挑战。

儿童保育提供者。妈妈们可以选择在家中或自己开设的托儿所提供儿童保育服务,为其他工作中的妈妈照顾孩子,提供安全和友好的环境。例如,家庭式托儿,妈妈们可以选择在家中提供家庭式托儿服务。这样的环境能够为孩子们提供温暖的家庭化的照顾。在家中提供托儿服务使孩子们能够在熟悉和舒适的环境中成长,并享受个性化的关注和照顾。还可以选择自己开设托儿所,为孩子们提供托儿服务。通过设立专门的托儿所,妈妈们能够为孩子们提供安全、专业的照看环境,提供合适的设施、玩具和教育资源。作为儿童保育提供者,妈妈们不仅照顾孩子,还为其他妈妈实现工作和家庭责任的平衡提供了支撑。通过提供可靠的托儿服务,使其他妈妈可以更放心地投入工作。妈妈们选择成为儿童保育提供者是一种很有意义的职业选择,她们能够将母性的关怀和专业的照顾融入工作中。通过提供安全、友好的照护环境,妈妈们为孩子创造了一个温馨有益的成长空间,同时也支持了其他工作妈妈实现工作和家庭的平衡。

妈妈摄影师。一些妈妈具备摄影技巧,她们可以成为专业的儿童摄影师。妈妈们作为摄影师具备以下几个优势:一是理解和关怀。作为摄影师,妈妈对儿童的需求和情感有着特殊的理解和关怀。妈妈们可以与孩子们建立良好的互动和信任,拍摄出他们自然、活泼和真实的表情,创造出独特而感人的照片作品。二是温馨的环境。作为摄影师,妈妈们可以创造一个温馨和松驰的拍摄环境,让孩子们感到舒适和自在。妈妈的母性关怀和耐心可以帮助儿童放松、表现自然,从而获得更加美好和真实的照片。三是捕捉特殊时刻。妈妈摄影师有能力捕捉到孩子和家人互动时的特殊时刻和珍贵瞬间,记录下这些宝贵的回忆,并为家庭创造永恒的纪念品。四是个性化的风格和创意。作为摄影师,妈妈们可以发展出个性化的摄影风格和独特的创意,利用自己的专业技巧和艺术眼光,创造出独特而富有情感的作品,为客户提供独一无二的照片体验。作为摄影师,妈妈们具备特殊的优势和关怀,能够为家庭和儿童创造独特而珍贵的照片作品。其专业技巧和母性关怀将使妈妈成为一位备受欢迎和受人尊敬的儿童摄影师,为家庭带来美好的回忆和永恒的纪念。

第四章
跨文化视域下企业弹性工作制与工作—生活平衡关系

第一节 研究模型

笔者此次研究在实证研究和文化价值观对组织实践影响理论的基础上,运用文化沉浸理论来考察社会文化的两个维度(社会文化价值和社会文化实践)对组织实践的影响。在此研究结果的基础上进一步分析了社会文化对组织实践与组织成果关系的调节作用。具体而言,研究主要包含以下四方面内容。

第一部分,研究了社会集体主义价值观和群体内集体主义价值观对员工使用弹性工作制的影响。这部分探讨了员工的价值观对于采用弹性工作制的态度和行为是否产生显著影响,其中社会集体主义价值观可能强调集体利益和团队合作,而群体内集体主义价值观可能关注内部群体的互动和共享。

第二部分,研究了社会集体主义实践和群体内集体主义实践对员工使用弹性工作制的影响。这部分主要探讨了文化实践对于员工是否采用弹性工作制的影响,例如,在社会集体主义实践中,组织是否鼓励团队合作与共同实践,而在群体内集体主义实践中,内部团体之间是否有相互支持和协作。

第三部分,研究了社会文化价值观可能会调节员工使用弹性工作制与工作—生活平衡之间的关系。这部分主要探讨了社会文化对于员工工作与生活之间平衡关系的影响,社会文化价值观可能会影响组织对员工弹性工作制的支持度,从而进一步影响员工在工作与生活之间的平衡状况。

第四部分,研究了社会文化实践可能会调节员工使用弹性工作制与工作—生活平衡之间的关系。这部分主要探讨了社会文化在实践层面上对员工使用弹性工作制与工作—生活平衡之间关系的调节作用,这可能涉及国家层面的政策、制度以及文化实践对员工的影响。

本次研究对于理解不同文化背景下员工工作行为的差异以及组织政策的制定具有重要意义,同时也有助于填补社会文化对员工采用弹性工作制可行性影响研究的空白,为国内这个领域的理论实证研究做出贡献。研究模型如图4-1所示。

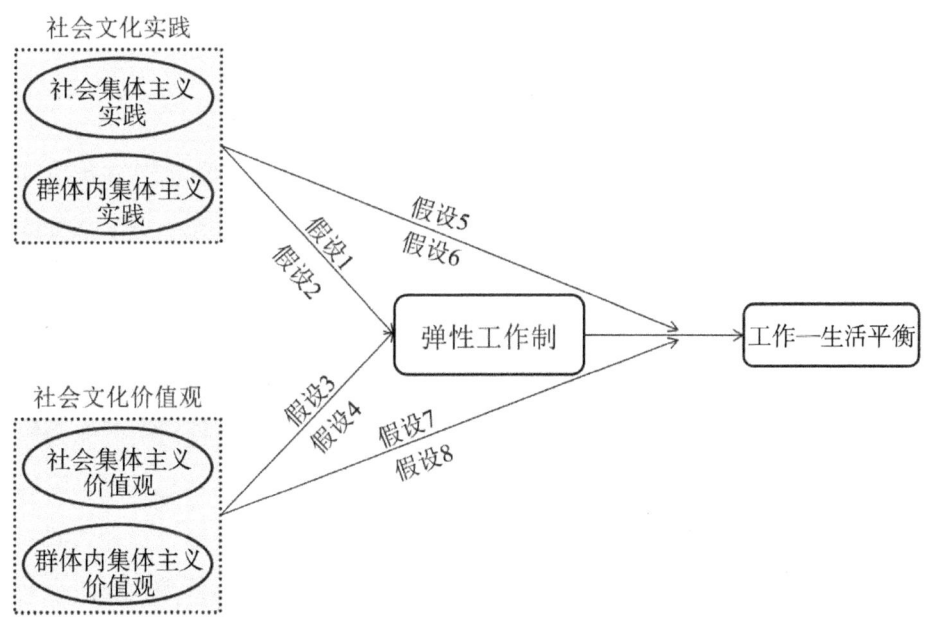

图4-1 研究模型

第二节 理论视角及研究假设

一、理论构建

从文化价值观和文化实践的角度分析,全球跨国文化研究项目的每个文化维度都有"现状"和"应该"的分数,前者指当前存在的文化层面,后者指与社会未来追求有关的价值观。通过对"现状"和"应该"的分数进行对比，研究人员还可以发现国家在文化方面的目标和努力方向，这对于了解不同文化背景下的发展趋势和可能的未来变化具有重要意义。具体而言，在全球跨国文化研究项目中，社会集体主义价值观强调个人参与团体项目以融入集体的意愿。然而，与社会集体主义价值观相比，社会集体主义实践更注重个人被社会其他成员接受的重要性。群体内集体主义价值观关注个人，作为社会和家庭的成员，应该为此感到自豪。而群体内集体主义的实践则主要关注个人与家庭成员之间关系的意义。

在传统意义上，文化价值是文化实践的核心，文化实践是文化价值的体现，文化价值观驱动实现文化实践。霍夫斯泰德（2001）表明文化价值观与实践之间的关系是相互一致的。在这方面，霍夫斯泰德的研究对于理解文化价值观与实践之间的关系做出了重要的贡献。

文化价值观是指在一个文化群体中被普遍认同的信念和观念，这些价值观影响着人们对于世界、自我和他人的看法和态度。文化实践则是指这些文化价值观在具体行为、社会习惯和组织结构等方面的具体体现。文化价值观与文化实践之间的关系是相互影响、相互促进的。首先，文化价值观是文化实践的驱动力。人们的价值观影响着他们的行为和决策，因为他们的行为是为了实现他们认同的价值观。例如，如果一种文化强调尊重长辈和家庭团结，人们在行为中可能会体现出对长辈的尊重和为家庭和谐付出的实践。另一方面，文化实践也反过来影响着文化价值观的形成和改变。通过实际行动和社会互动，人们逐渐形成和认同一种共享的文化价值观。这些实践可以通过社会、教育和文化传承等方式影响个人的价值观。

霍夫斯泰德在其文化维度理论中探讨了不同国家和地区的文化特征，并发现了不同文化价值观与实践之间的一致性。他的研究表明，文化价值观和实践在某种程度上是相互契合和相互支持的。例如，一种强调个人主义价值观的文化可能会体现在个人自主、竞争和自我实现的实践中。但需要注意的是，文化是一个复杂多样的系统，不同的个体在相同的文化中可能表现出不同的行为，也可能对文化价值观有不同的理解和认同。因此，在文化研究中，我们需要综合考虑多种因素，理解文化价值观与实践之间的关系，以及文化对于个体和社会的影响。

最近的研究表明,文化价值观和文化实践可以是双向的。文化价值观是文化实践的结果,而不是行为产生的缘由。(韦尔泽尔和英格哈特,Welzel & Inglehart, 2005; 斯蒂尔和塔拉斯,Steel &Taras, 2010)文化价值观指一种共享的信念体系和对于什么是重要和有价值的事物的共同认知,而文化实践是基于这些共享的价值观而形成的具体行为和社会实践。比如在某种社会文化中,家庭的团聚和家人之间的亲密关系被视为非常重要的价值观。在这种文化中,人们相信家庭是支持和帮助个人成长的重要来源,因此他们高度重视家庭的团聚、家人间相互尊重和支持。这种价值观会对个人的行为和决策产生影响,人们会努力保持家庭关系的稳固,投入更多的时间与家人在一起,愿意为了家人的福祉做出牺牲。

文化实践是文化价值观的表现形式。因此,人们在这种文化中表现出的亲密家庭关系、家人之间的合作与支持,都是践行文化价值观的结果,是因为他们内心深处认同这些价值观,从而在实际行动中体现出来。文化价值观是一种共享的信念和认知,影响着人们对重要事物的看法,而文化实践是在这些价值观的指导下产生的具体行为和社会实践。文化价值观和文化实践相互影响,共同构成了一个文化系统,并对文化所在的群体的行为和社会结构产生深远的影响。

另一方面,全球文化维度研究项目,旨在探索不同国家和地区的文化差异,并研究文化对组织和领导行为的影响。在这个研究项目中,通过对文化价值观和文化实践的单独测量,结果并不支持先前预测的文化价值观和文化实践的一致性的假设。这意味着,在一些情况下,文化价值观和文化实践之间可能并不完全一致,即人们在价值观上可能认同某种理念,但在实际行动中并未完全体现这些价值观。例如,某个社会的文化价值观可能强调家庭团结和尊重长辈,这是他们的共享价值观。然而,在文化实践中,个人可能由于一些现实原因,例如工作压力,无法充分实践这些价值观,导致文化价值观和文化实践之间的不一致。

这种不一致性可能是由多种复杂的因素导致的,包括社会变革、经济发展、全球化等。文化是一个动态的系统,它随着时间和环境的改变而不断演变和调整。因此,在具体的研究中,我们必须要充分考虑到文化价值观和文化实践之间的复杂关系,以便更准确地理解文化对行为和实践的影响。

因此,全球文化维度研究项目的结果表明社会文化价值观与文化实践之间存在着密切联系,但也可能存在一定的不一致性,这需要在具体的研究中进行深入探讨和解释。

二、研究假设

1.社会集体主义价值观与弹性工作制

社会集体主义价值观指在机构集体主义价值观中,支持员工使用弹性工作制的通常是"现代典型文化价值观",而不是"传统文化价值观"(艾詹,Aycan,2005)。

社会集体主义价值观往往与传统文化价值观紧密相连。这种价值观高度重视集体、家庭以及社会整体的利益,对个体在集体中扮演的角色和承担的责任有着强烈的期待,同时也强调个体对集体、家庭和社会的忠诚度。这种观念强调整体而非个体,认为个体应服务于集体的利益。而在现代社会,随着全球化的深入和技术进步,一些文化价值观可能发生了变化,进而支持了一种更加灵活的工作制度,即"现代典型文化价值观"。而在现代社会,随着全球化和技术进步,一些文化价值观可能发生了变化,进而支持了一种更加灵活的工作制度,即"现代典型文化价值观"。

"现代典型文化价值观"强调个人的自主性、自我实现和个体权利,尊重个体的需求和多样性。这种文化价值观可能会支持员工使用弹性工作制,因为它认为员工有权根据自己的需求和生活方式来安排工作时间,同时它也认可了员工在工作—生活平衡方面的重要性。在这种文化价值观影响下的文化可能更加开放和包容,鼓励员工在工作中发挥创造性和自主性。

当然,不同国家和地区的文化价值观可能会因历史、传统、社会结构等因素而有所不同。一些国家可能仍然坚持传统的社会集体主义价值观,而另一些国家可能更倾向于现代典型文化价值观。例如,在价值观方面,一些学者认为它是社会集体主义的价值观,关注社会群体和组织利润。(厄利,Earley 1993)

文化的复杂性使得人们在不同情境下可能会看到不同的文化价值观对员工使用弹性工作制的态度和实践上产生不同的影响。在组织管理和领导方面,了解不同文化背景下的文化价值观对员工工作行为的影响是非常重要的。组织应该灵活地适应不同文化背景下的员工需求,以促进员工满意度、工作效率和工作—生活平衡。这也需要组织领导者具备跨文化意识和适应能力,以更好地管理多元化的文化背景。

在社会中,制度价值观强调人们应该怎么做,人们的共同行为是什么。高社会集体主义文化比低社会集体主义文化更注重对集体组织的忠诚,并使组织的利润最大化。在集体主义价值观体系中,认为有必要以牺牲个人利益为代价实现组织利益最大化。(豪斯等人,2004)俄罗斯是集体主义得分较高的国家。在俄罗斯社会里,民众可能认为集体利益高于个人利益。个人可能在组织行为中以牺牲自己的利益为代价,从而保护的集体的利益。(霍夫斯泰德,1980)与个人主义得分较高的英国相比,他们强调个人权利和利益是神圣不可侵犯的,更加强调自由和平等。因此,当组织的固定目标没有实现时,个人也不会牺牲自己的利益来实现组织的利益和目标。

在社会集体主义价值倾向较高的社会中,人们认为自己是集体的一员。社会集体主义价值观中,集体目标和利益高于个人目标。个人感到有责任为集体的利益做出贡献。他们愿意为群体的目标而努力,即使这意味着个人的权益可能受到一定程度的牺牲。在这样的文化中,家庭、亲属和社区关系被视为非常重要的价值观,人们在社交和家庭关系中感到亲密和相互支持。在集体利益和个人利益产生冲突时,人们优先选择实现集体目标,再完善个人目标。例如,灵活的工作时间和地点可以使他们有更多的时间学习新技能,实现自我提升。他们也可以在业余时间做兼职,以增加工作以外的收入。(莫恩,Moen,1996)社会集体主义价值观不适合员工使用灵活的工作安排,因此,提出假设1如下:

假设1:社会集体主义价值观可能对员工使用弹性工作制产生负面影响。

2.群体内集体主义价值观与弹性工作制

群体内集体主义是指人们在组织或家庭中表现出凝聚力和忠诚的程度。在群体内集体主义文化中,人们的价值是基于他们在小团体中的成员身份,比如团队和家庭(贝蒂奥等人,Bettio et al.,1998)。从小组内集体主义价值观的调查问题中,提到了其他成员的意见对个人的意义。在群体内集体主义价值倾向较高的社会中,员工的集体主义以组织为中心,强调组织成员被社会接受和融入程度的重要性。这与霍夫斯泰德的集体主义价值观是一致的。

群体内集体主义的文化的特征包含团队凝聚力、社会互动、忠诚与归属感和家庭重视。团队凝聚力，即人们在群体内集体主义文化中普遍表现出强烈的团队凝聚力。他们把团队视为一个整体，并愿意为团队的目标和利益而努力。在这样的文化中，人们的社交关系通常比较紧密，关注团队成员之间的相互支持和合作，从而体现了社会文化这一特征。忠诚与归属感在于人们对于小团体的忠诚度较高，对团队或家庭的归属感较强。家庭重视则是家庭在群体内集体主义文化中被视为至关重要的价值观。人们非常重视家庭的团结和亲密关系，他们会为了团队的利益而放弃个人的利益。

在群体内集体主义文化中，组织和家庭通常被视为社交支持和认同的重要来源。领导者和管理者需要重视团队合作和家庭支持，并鼓励员工在小团体中建立密切的互动和关系。这种文化背景下的领导风格可能强调团队参与和合作，鼓励员工发挥集体创造力，并通过社交互动建立有效的沟通和信任。

因此，在集体或家庭中，从小孩子就应该学会尊重权威，尊重长辈、家长或其他权威人士的意见和决定被视为重要的价值观。孩子们被教育要尊重长辈的决定，并学会服从他们的指导。为了更好地融入家庭，他们可能很少会反复强调自己的个人观点，彰显自我的独特个性。在这样的文化中，人们非常重视社交互动和家庭关系。孩子们被鼓励与家人建立亲密关系，强调家庭团结和协作。人们强调个人与集体的关系，认为个人的行为和决策应该符合集体的利益。

然而，灵活的工作安排可以作为组织提供给员工的一种"福利"政策。灵活安排上下班时间，自由选择工作地点，合理安排工作和生活，可以缓解家庭和工作冲突，减少员工在工作中的压力和焦虑，从而获得身心健康。研究表明，个人主义社会的员工比集体主义社会的员工更倾向于获得灵活的福利计划（亨普尔，Hempel，1998）。因此，个人主义文化影响下的员工可能比集体主义文化影响下的员工更有可能使用灵活的工作安排。基于以上讨论，我们可以提出假设2：

假设2：群体内集体主义价值观可能对员工使用弹性工作制产生负面影响。

3.社会集体主义实践与弹性工作制

在全球跨国文化研究项目的研究中发现社会集体主义实践和社会集体主义

价值观在调查方法和结果上有很大的相同之处。但与之不同的是，社会集体主义实践在调查问卷中增加了一组问题，这组问题调查的侧重点是关于社会集体主义被人们接受的重要性研究，这可能涉及人们对于集体主义观念的认同程度，以及他们在日常生活中对于集体主义价值观的实际应用和体现。毕竟社会集体主义实践注重人与人之间的密切关系。

与此不同的是，社会集体主义价值观可能更加关注人们的认知和信仰层面，即人们对于集体主义价值观的认同和看法。这通常是通过一系列涉及个人观点和信仰的问题来衡量的。通过在调查问卷中增加关于社会集体主义实践的问题，研究人员可以更全面地了解人们对于集体主义价值观的接受程度以及在实际行为中的表现。这有助于更深入地理解文化对于行为和实践的影响，同时也为跨文化研究提供了更丰富和全面的数据。

另外，也有学者认为社会集体主义和个人主义是文化研究中经常用来描述不同文化背景的重要概念。在社会集体主义社会中，集体利益被视为至关重要的价值观。组织和社会制度通常鼓励和奖励集体分配和合作行为，强调团队合作和集体目标的实现。（益田等人，Masuda et al.，2012）这种文化倾向使得社会成员之间建立相互信任的关系，并高度依赖组织和社会整体的利益。人们更倾向于寻求亲密的关系，强调归属感和团结。在集体主义社会中，人们更喜欢亲密的关系，而不是松散的个人关系，并鼓励寻找归属感。（法力科夫，Falicov.，2001）相比之下，在个人主义社会中，个体的自主性和独立性被看作是重要的价值观。人们更注重自身的需求和利益，倾向于建立松散的人际关系，强调个人自我实现和权利。

这些文化价值观对于社会和组织的运作有重要影响。在社会集体主义社会中，人们可能更愿意为集体的利益而付出，强调团队合作和相互支持。而在个人主义社会中，个体的自主性和独立性可能会被更加重视，人们更注重个人的权利和自我实现。而在个人主义社会中，人们更喜欢基于自身需要的松散的人际关系。

组织可以采用灵活的工作场所，远程办公时采用灵活的工作安排。在信息发达的现代社会中，员工与上级可以借助互联网的优势加强联系，实现下属与上级的协同工作。但值得注意的是，目前，虽然电子信息网络发展迅速，但还不能实现真正意义上的主管与员工面对面的交流。由于职场人士在沟通时态度和情绪的表现在网络里是很难被观察到的,这意味着这些隐藏的因素可能会影响职场管理者的客观决策和判断。虽然通过电子邮件沟通可以缓解甚至可能消除人际交往中的负面情绪,但客观来讲,它的使用可能会限制员工与管理者接触的机会,从而导致员工与管理者、同事之间的关系疏远,影响他们之间的合作关系。加真德兰和哈里森在研究中提出远程办公可能会减少主管与员工之间以及员工之间的接触,从而增加雇主与员工之间的冲突。(Gajendran & Harrison,2007)

在社会集体主义的社会组织实践中,强调集体主义凝聚力,个人被集体所接受。组织为员工提供灵活的工作,这可能会疏远员工与同事和雇主,不利于集体凝聚力的形成。因此,社会集体主义实践并不有助于员工使用灵活的工作安排,我们推测出假设3。

假设3:社会集体主义实践可能对员工使用弹性工作制产生负面影响。

4.群体内集体主义实践与弹性工作制

群体内集体主义实践是个体在组织和家庭中表达自豪感、忠诚感和凝聚力的程度。集体内部的高度集体主义注重群体之间的关系,重视家庭成员之间的关系,且生活节奏相对缓慢。全球跨国文化研究项目采用了四个关于群体内集体主义实践的调查问题,高度群体内集体主义实践应具有四类行为。

(1)亲密关系和支持。

问题1:在您的家庭或组织中,您是否感到与家庭成员或团队成员之间存在亲密关系?

问题2:在您的日常生活中,您是否愿意提供帮助和支持给家庭成员或团队成员,无论是在工作上还是在个人生活中?

(2)团队合作和集体目标。

问题1:在您的组织或团队中,您是否常常参与集体决策并合作解决问题?

问题2:您是否愿意在团队中放弃一部分个人利益,以实现整个团队的共同目标?

(3)家庭责任和义务。

问题1:在您的家庭中,您是否认为您有一定的责任和义务来照顾其他家庭成员,特别是年长的家庭成员?

问题2:您是否愿意为家庭的利益和幸福而做出牺牲和努力?

(4)信任和忠诚度。

问题1:您对家庭成员或组织的信任程度如何?您相信他们会为集体利益而努力吗?

问题2:在团队或家庭中,您是否感到自己对其他成员的忠诚度较高,愿意支持他们的决策和行为?

通过这些调查问题,研究人员可以获取关于群体内集体主义实践的数据,了解该文化中人们在家庭或组织中的行为表现和价值观,以及群体内集体主义相关实践特征。首先,较高的自豪感和忠诚感。个体在群体内集体主义文化中通常会对自己所属的组织或家庭感到自豪和忠诚。他们把自己的身份和价值与集体联系在一起,并愿意为集体的利益而付出努力。其次,肩负的集体责任。个体在群体内集体主义文化中认为自己有责任为集体的利益和成功贡献力量。他们关注家庭成员之间的互动和合作,以实现家庭的团结和和谐。再者,对家庭的重视。家庭在群体内集体主义文化中被视为重要的价值观,人们非常重视家庭的凝聚力和亲密关系,强调家庭成员之间的相互支持和依赖关系。最后,缓慢的生活节奏。在一些群体内集体主义文化中,生活节奏可能相对较缓慢。人们可能更注重人际关系和社交互动,而不是追求快节奏的生活方式。

在某个东亚国家社会中,家庭关系被视为非常重要的价值观,人们强调家庭成员之间的凝聚力和相互支持。在这个社会中,一个家庭通常由父母、孩子和祖父母组成,家庭成员之间的关系非常亲密,他们生活在一起,共同吃饭、共同庆祝节日等。家庭中的每个成员都有明确的角色和责任,比如父母负责照顾孩子的成长和教育、孩子尊重父母的意见和决定,祖父母则在家庭中担任着长辈的角色,给予孩子们关爱和指导。在这样的家庭中,家庭成员之间的忠诚度和凝聚力很强。每个家庭成员都为家庭的利益而努力,他们愿意为家庭的幸福和团结付出一切。家庭中的决策通常是集体讨论和协商的结果,而不是个人单独做主。

此外,社会集体主义实践也体现在家庭成员之间的相互支持和互助上。比如,如果家庭中的一位成员遇到困难或需要帮助,其他家庭成员会伸出援手,共同面对问题并共同寻求解决方案。这种互助精神和团队合作的态度有助于维持家庭的和谐和幸福。

通过上述案例,我们可以看到群体内集体主义实践在家庭中的体现。家庭成员之间的紧密关系、忠诚感和共同努力是群体内集体主义文化价值观的具体体现。这种文化特点在东亚国家和其他群体内集体主义社会中普遍存在,对于塑造人们的行为、家庭生活和社会互动产生着重要影响。群体内集体主义实践更符合集体主义文化。正如前文中所讨论的,在集体主义文化中,员工可能较为抗拒组织提供的灵活的工作安排。因此笔者推测出假设4。

假设4:群体内集体主义实践可能对员工使用弹性工作制产生负面影响。

5.社会集体主义价值观的调节作用

在社会集体主义文化中,组织通常鼓励和奖励员工之间的集体行动和合作,团队合作和共同实现组织目标被看作是优先考虑的价值观。资源分配也倾向于考虑集体或团队的利益,而不是个人的私利。人们在这样的文化中通常对集体或组织表现出极大的忠诚度。个人的身份和认同通常与组织紧密相关,他们为组织的利益而奋斗,并愿意为组织的成功和发展做出贡献。甚至,人们认为可以牺牲个人的时间、利益和得失,以实现集体和组织的利益。个人的利益通常被置于组织和集体的利益之后,他们愿意为组织的成功而付出努力。员工可能愿意无偿加班,以表达对集体和组织的忠诚,这种行为被视为一种对组织的支持和认同。

这种社会集体主义价值观对于组织和社会的运作产生深远影响。它促进了团队合作和共同目标的实现,同时也加强了组织内部的团结,提高了组织内部的凝聚力。然而需要注意的是,社会集体主义文化可能会在一定程度上限制个人的自主性和独立性,因为个人的行为通常受到组织和集体的期望和规范影响。对于组织和管理者来说,了解和尊重不同文化背景的多样性是至关重要的,以便更好地适应和应对不同文化中的员工需求和行为。

弹性工作制可以帮助员工实现个人目标,并在工作和家庭之间取得平衡。其灵活性为员工提供了更多的自主性和控制权,使他们能够更好地安排工作和生活。但在社会集体主义价值观里,弹性工作制的实施较为困难,笔者认为有以下四个方面的原因。

(1)重视集体行动:在社会集体主义文化中,人们更倾向于强调集体行动和团队合作。弹性工作制强调员工个人的自主性和独立性,可能与集体行动的文化价值观相冲突,难以得到广泛接受和支持。

(2)社会期望和规范:社会集体主义社会通常有一套固定的社会期望和规范,员工被期望在团队和组织中服从集体目标和集体利益。弹性工作制可能导致个人行为和目标与社会期望不一致,可能会引发一定的社会压力和不适应。

(3)领导风格和组织文化:在社会集体主义社会中,领导风格可能更加强调集体决策和集体责任,组织文化可能更注重团队合作和集体目标的实现。弹性工作制可能需要对领导风格和组织文化进行调整,以适应个体化的工作安排。

(4)组织利益优先:在社会集体主义社会中,组织的利益通常被看作是优先考虑的,员工被期望为组织的成功和发展做出牺牲。弹性工作制可能导致个人目标和组织目标之间的冲突,可能会对组织的稳定性和效率产生影响。

比如,一家位于某个社会集体主义国家的制造业公司,该公司以生产高质量的家用电器而闻名。在这个国家,社会集体主义价值观非常强烈,强调团队合作和组织的利益高于个人的需求。该公司决定尝试实施弹性工作制,希望通过提供给员工更大的自主性和灵活性,来提高员工的满意度和生产效率。然而,在这样的文化背景下,实施弹性工作制可能会遇到以下挑战。

社会期望和压力:在社会集体主义社会中,人们通常被期望为组织和团队的利益做出牺牲。员工可能感受到来自社会和家庭的压力,认为弹性工作制会降低对组织的忠诚度和团队合作,从而导致他们不愿意支持这种工作制度。

组织文化和领导风格:该公司可能有一套固定的组织文化和领导风格,强调集体决策和组织的目标优先。弹性工作制可能需要对组织文化和领导风格进行调整,以适应个体化的工作安排,这很可能导致制度在一开始实施时就面临一些阻力。

集体行动和团队合作:弹性工作制可能会导致员工更加注重个人目标和自主性,而忽视团队合作和集体行动的重要性。这可能会影响团队之间的协作和整体工作效率。

因此,笔者推测在社会集体主义社会组织中,员工使用弹性工作制的可能性更低,它可能会增加工作和家庭的冲突,影响员工的工作与生活的平衡,故提出假设 5。

假设 5:社会集体主义价值观对工作与生活平衡的关系有负向调节作用。

6.群体内集体主义价值观的调节作用

全球跨国文化研究项目研究的另一个维度是群体内集体主义的特征,这个维度关注的是个人在组织或家庭中表现出的自豪感、忠诚和凝聚力的程度,以及他们是否能够被其他群体成员所接受。群体内集体主义文化中,人们更强调与群体的归属感和紧密联系,个人的价值和认同通常是基于他们在小团体中的成员身份,比如家庭、团队或部门,以下是一些关键特征和影响。

群体凝聚力:在群体内集体主义文化中,个人对群体的凝聚力较高,他们愿意为群体的成功和利益做出牺牲。这种凝聚力增强了群体的团结和合作,有助于实现共同的目标。

自豪感和认同:个人在群体内集体主义文化中通常通过与群体的成就和荣誉相联系,来获得自豪感和认同。他们将自己视为群体的一部分,为群体的声誉和成就感到自豪。

忠诚度和支持:个人在群体内集体主义文化中通常表现出极高的忠诚度和支持。他们愿意为群体的利益而奋斗,不轻易背叛或离开群体。

群体接受度:在群体内集体主义文化中,个人的行为和决策通常受到群体成员的接受和认可。他们关注群体内部的期望和规范,希望被群体所接纳。

这个维度的研究对于了解不同文化背景下个人和群体的关系以及对组织行为的影响非常重要。在群体内集体主义文化中,组织可以通过加强团队合作和凝聚力,来提高员工的工作动力和效率。同时,组织也需要理解和尊重不同文化背景下员工的需求和价值观,以适应和应对多样化的文化差异。高度的群体内集体主义强调组织责任。责任和义务是决定社会和组织行为的重要因素,群体内和外部群体之间存在明显差异。(盖尔凡德等人,Gelfand et al., 2007)这些差异表明,集体主义社会的组织更可能关注群体内部的共同特征,特别是众多群体或领导群体或群体之间的共同特征,而不是关注个人的特殊需求。然而,关注个人的需要和自由是符合个人主义价值观的。(霍夫斯泰德,1980)

灵活的工作时间可以作为员工的福利,极大地帮助员工履行工作和生活中应该承担的责任,实现工作与生活的平衡。同时,灵活的工作时间可以有效缓解员工的工作压力,提高员工的福利,有助于员工工作与生活的平衡。研究表明,在个人主义文化价值较高的社会中,员工更容易接受灵活的工作时间。然而,在集体主义价值观社会中,员工会抵制灵活的福利计划。

基于之前关于群体内集体主义价值观与员工使用弹性工作制的一致性假设,笔者预测在较高群体内集体主义价值倾向的社会组织中,员工使用弹性工作制的可能性较低,这可能会降低员工的工作福利,减少家庭对其工作的支持,因此提出假设6。

假设6:群体内集体主义价值观对个体行为有负向调节作用。

7.社会集体主义实践的调节作用

在社会集体主义的实践调查研究中,强调个体被群体接受的重要性,而社会集体主义实践关注的是集体中人们的亲密关系。然而,弹性工作制的实施可能会带来一些挑战,其中之一就是限制员工与同事以及主管之间的面对面交流,从而影响员工的工作关系质量。

在社会集体主义文化中,亲密关系和团队合作对于组织的成功和员工满意度非常重要。面对面的交流和密切的合作可以加强团队之间的凝聚力和信任,有助于更好地解决问题、分享知识和信息,并提高工作效率。然而,弹性工作制通常允许员工在不同时间和地点工作,这可能会导致员工与同事和主管之间的面对面交流减少,而更多地依赖于在线沟通工具和远程协作。

这种情况可能会对员工的工作关系产生一定的负面影响,具体如下。

第一,职场人士可能出现与管理者和同事沟通不畅现象。缺乏面对面交流可能导致沟通不畅,信息传递可能会有误解或延迟,从而影响团队合作和项目进度。

第二,职场人士缺乏信任和凝聚力。面对面交流有助于建立信任和凝聚力,但在弹性工作制下,员工可能更难感受到团队之间的紧密联系,从而降低团队合作和彼此支持的程度。

第三,可能发生社交隔离现象。弹性工作制可能导致员工较少参与社交活动,减少了与同事之间的社交互动,这可能导致员工感到孤立和社交隔离。

学者调查研究结果表明,员工使用远程办公的频率与他们与同事的关系质量呈负相关。这意味着密集的远程办公会减少个人与同事接触的时间,从而可能破坏员工与同事之间的友好关系。这一结果是值得关注的,尤其对于那些注重团队合作和群体凝聚力的文化背景,如社会集体主义文化。在之前部分的预测指出,社会集体主义可能不利于员工对弹性工作制的使用。这是因为社会集体主义文化强调集体行动和组织的利益高于个人的需求,而弹性工作制通常强调个人的自主性和独立性。在这样的文化背景下,员工可能更倾向于遵循传统的工作方式和组织规范,而不是采用弹性工作制。因此,笔者推测社会集体主义实践倾向较高可能会降低员工使用弹性工作制对工作与生活平衡的影响,提出了假设7。

假设7:社会集体主义实践对工作与生活平衡的关系有负向调节作用。

8.群体内集体主义实践的调节作用

群体内集体主义强调群体内的凝聚力、在组织和家庭中的表现和自豪感。在研究社会资本与家庭主义和社会集体主义实践之间的关系时,雷阿洛等人(Realo et al.,2008)提到在集体主义文化中,员工的集体主义倾向于以组织为中心。组织管理可能会影响员工的态度和行为。在群体内集体主义文化中,组织采用的灵活的工作安排协议更容易被雇主所接受,而不是考虑员工在组织中的态度和想法。

在研究欧洲各国灵活就业实践的差异程度时,拉古拉姆等人(Raghuram et al.,2001)发现,不同程度的灵活就业可能是由不同的社会文化所导致的。在集体主义文化中,雇主不愿意与非正式员工保持密切的关系,因为他们的工作不稳定,岗位离职率较高。因此,弹性工作制的特点更符合个人主义文化。研究人员发现,员工认为灵活的工作场所也可以有效地提高工作热情,并对工作与生活的平衡产生积极影响。(布劳等人,Brough et al.,2012)而且,灵活的工作安排被更多的女性、双职工夫妇、单亲家庭(邦德等人,Bond et al.,2002)和需要在工作场所照顾老年人的人所采用。灵活的工作安排为那些需要更好地平衡家庭和职业责任的人群提供了更多的选择和便利性。通过灵活的工作安排,这些人可以更好地兼顾家庭和职业,减轻工作与家庭之间的冲突,从而提高生活质量和工作满意度。同时,对于组织来说,提供灵活的工作安排也可以吸引和留住优秀的员工,增

加员工的工作动力和生产力。(蒂平等人，Tipping et al.，2012)

斯塔夫鲁等人(Stavrou et al.，2015)在探讨不同文化环境下工作-家庭计划和工作-家庭文化对员工工作满意度和绩效的影响时提出，在个人主义文化中，组织正式工作和家庭支持(弹性工作时间和育儿假)对员工工作满意度的影响比集体主义文化更积极。这可能是因为集体主义文化中的员工可以依靠大家庭成员来完成家务，而个人主义文化中的员工从核心家庭获得的支持较少(参见斯托克，Stock et al.，2016)。此外，在个人主义文化中，兼职工作、灵活的工作时间和远程办公比在集体主义文化中可能更常见，也许是因为这些做法更符合自主价值观和灵活的雇佣关系。

基于我们之前的群体内集体主义实践与员工使用弹性工作制的假设，笔者预测群体内集体主义实践可能会降低员工使用弹性工作制对工作与生活平衡的影响，提出了假设8。

假设8：群体内集体主义实践对弹性工作制与工作—生活平衡的关系有负向调节作用。

第三节 研究数据及方法

一、研究数据及样本

这项研究整合了两个数据库的数据，分别是斯隆中心的"世代人才研究"(Generations of Talent Study)和全球跨国文化研究项目的数据库。通过结合这两个数据库的信息，我们得到了更全面和综合的研究结果。全球跨国文化研究是一项包含多个阶段和多种研究方法的项目，旨在探究全球企业的社会文化、组织文化和组织领导之间的关系。该项目于1993年成立，至今已经有来自61个国家的学者参与其中，涵盖了世界各个主要地区。这项跨文化领导力的长期系列研究为我们提供了更全面的视角和理解，有助于深入探讨全球企业在不同文化背景下的运作和领导方式。(豪斯等人，2004)全球跨国文化研究的文化层面数据是通过对每个国家平均125名中层管理人员的调查进行收集的，并将个别答复整合到各国家的水平中。参与调查的所有受访者在全职工作方面的平均经验为19.2年,其中作为管理人员的平均时间为10.5年。该项目的数据集抽样范围仅限于三个行业,分别为食品加工、金融服务和电信服务,因为这些行业在全球范围内具有代表性。为确保数据的文化多样性和一致性,跨国公司被排除在外,因为其成员可能来自多种不同的文化背景。整个全球调查的样本包括62个国家,总计有17730名个体参与,涵盖了来自951个组织的调查数据,如表4-1所示。

表4-1 不同国家参与员工人数统计图

国家	员工人数(人)	百分比(%)
中国	1054	13.35
美国	721	9.14
英国	151	1.91
印度	283	3.59
巴西	1255	15.91
日本	2250	28.52
荷兰	580	7.35
墨西哥	1151	14.59
西班牙	445	5.64
总计	7890	100.00

来源:全球跨国文化研究(全球文化维度)项目的数据库。

在全球跨文化调查项目中,本研究选用了四个维度,分别指社会集体主义价值观、群体内集体主义价值观、社会集体主义实践和群体内集体主义实践,来评估数据。为了与"世代人才研究"中的国家数量保持一致,本研究排除了南非和博茨瓦纳的数据,并专注于美国、英国、中国、印度、巴西、日本、荷兰、墨西哥和西班牙这9个在世代人才研究数据库中较为常见的国家。在这些国家中,共有7890个样本参与了本研究,涵盖了四个维度上的数据信息。通过这样的选择,本研究能够为我们提供全球范围内多样化的视角和理解,深入研究不同国家和文化背景下的组织文化与价值观之间的关系。

另外,在本研究中,笔者采用"世代人才研究"(Generations of Talent Study)数据库中的数据,对企业弹性工作制与工作—生活平衡关系进行了跨文化视角下的深入研究,并验证了8个相关假设。"世代人才研究"的主要目标是深入了解当今多代劳动力在就业质量方面的差异,研究聚焦于探究国家因素和年龄因素对雇员及就业质量看法的影响。我们搜集了来自11个不同国家的员工的调查数据,涵盖了美国、英国、中国、印度、西班牙、巴西、日本、墨西哥、荷兰、南非和博茨瓦纳等国家,所研究的行业涵盖科技、制药、咨询、能源和金融等领域。在调查中,我们还收集了丰富的人口统计变量,包括性别、出生年份、种族/民族、教育程度、婚姻状况、子女数量、小时工资、薪金和家庭收入等。通过这些全面的数据,我们旨在深入探讨企业弹性工作制与工作—生活平衡之间的相关性,并从跨文化的角度深入洞察这一问题,为提高员工就业质量和幸福感提供有价值的洞见和建议。

数据调查的主要对象是跨国企业的管理者和企业内部的职工。跨国管理者是从那些对老龄化和工作相关问题感兴趣的组织中挑选和招募来的,这些组织中的大多数调查对象之前曾与企业有过联系(例如定期接收企业电子邮件),或被推荐为合作研究伙伴。因此,为了成为合格的参与员工,组织应满足以下条件。

(1)该组织机构是在三个以上不同国家/地区设有工作场所的跨国企业。

(2)该组织机构有较大的员工规模(拥有员工900名以上),以获得充分和有代表性的数据样本。同时,组织希望在每个调查项目中至少有300名员工参与调查,确保调查结果具有一定的参与度和代表性。而且,组织希望至少有33%的员工回答研究问卷,以确保调查数据的准确性和可靠性。

(3)组织要在必要的情况下为员工提供信息翻译服务。当员工的主要语言不是组织通常使用的语言时,组织会将信件翻译成员工的主要语言,以确保他们能够理解并参与其中。通过提供翻译服务,组织确保所有员工都能够平等地接收和理解相关信息,不论他们的语言背景。这样做有助于消除语言障碍,确保员工能够充分参与到调查和信息传递的过程中,提供准确的反馈和意见。

接下来,通过直接与企业组织联系,企业邀请最近在雇主的工作地点工作的员工参与调查。尽管具体的招聘策略由每个雇主自行决定,但大多数雇主倾向于从员工中选择一个代表性的样本,并向所有员工提供参与调查的联系信息(例如电子邮件地址)。这样的做法旨在确保调查样本具有代表性,并鼓励尽可能多的员工参与调查,从而获得广泛的员工反馈和意见,这些调查结果将为雇主提供有关工作场所和员工体验的重要信息。

二、研究方法

本次调查首先采用了三个项目来测量员工对弹性工作制的适应程度。我们参考了参与调查的机构是否提供以下类型的弹性工作选择(益田等人，2012；蒂姆等人，2015)：(1)工作时间的灵活性，比如兼职工作或一年半的工作；(2)灵活的工作时间安排，如改变上班和下班时间，或选择轮班；(3)灵活的工作场所，例如可以在家工作或在组织内的不同工作地点工作。如果公司不提供弹性工作制，我们将弹性工作制编码为0，如果公司向员工提供弹性工作制，我们将其编码为1。通过对这三个调查项目的总价值取平均值，我们可以衡量员工对弹性工作制的使用情况。

其次，本研究借助全球跨文化项目数据库中的文化价值观和文化实践概念。豪斯等人提出了涵盖9个国家的文化维度，并为每个维度设计了相应的指标，其中包括了社会集体主义、群体内集体主义、不确定性规避、未来取向、性别平等主义、人道取向和自信等。(豪斯等人，2004)

表 4-2 全球文化维度得分

国家	社会集体主义实践等分	群体内集体主义实践得分	社会集体主义价值观	群体内集体主义价值观
英国	4.27	4.08	4.31	5.55
印度	4.38	5.92	4.71	5.32
墨西哥	4.06	5.71	4.92	5.95
中国	4.77	5.80	4.56	5.09
日本	5.19	4.63	3.99	5.26
西班牙	3.85	5.45	5.20	5.79
荷兰	4.46	3.70	4.55	5.17
巴西	3.83	5.18	5.62	5.15
美国	4.20	4.25	4.17	5.77

来源：https://globeproject.com/。

在本研究中,我们将重点关注社会集体主义和群体内集体主义这两个维度,并通过调查数据选取了社会集体主义价值观、群体内集体主义价值观、社会集体主义实践和群体内集体主义实践这四个维度来量化研究数据,表4-2中呈现了这9个国家在这四个维度上的核心数据统计结果。

接着,在工作与生活平衡方面我们使用了"个人工作与生活平衡量表"中的三个项目来评估每位受试者在工作与生活平衡方面的表现(创造性领导力中心,Center for Creative Leadership,2004)。我们采用了6点李克特量表(1=强烈不同意,6=强烈同意)来测量"人才代际研究"中的数据,并发现了三个类似的问题项。通过计算这些项目的平均值,我们对员工在工作和生活平衡方面的表现进行了评估。这三个项目包括:

(1)弹性工作制是否有助于员工管理个人和家庭生活?
(2)您对工作和个人生活的配合程度是否感到满意?
(3)您对工作和个人生活的时间分配是否感到满意?

我们对这些项目进行了信度分析,并计算了各项目的 Cronbach's α 系数为0.656,这表明它们在测量工作与生活平衡方面具有一定的内部一致性。

最后,在本研究中,我们选择了两个控制变量来作为影响因素,分别是女性劳动力参与率和劳动力市场效率。这些数据来源于2010年的世界银行和世界经济论坛。在女性劳动力参与率方面,我们使用的指标是15至64岁女性人口在总劳动力中的比例。这可以反映出女性在劳动力市场中的参与程度。而劳动力市场效率方面,我们采用了世界经济论坛2010年发布的全球竞争力指数(GCI)。该指数被用于衡量不同国家的劳动力市场效率,并通过对国家进行排名和追踪不同国家排名的变化来评估。表4-3展示了这9个国家在这两个指标上的得分情况。通过引入这些控制变量,我们将更全面地考虑影响因素,以便深入研究企业弹性工作制与工作—生活平衡之间的关系。

表 4-3 女性劳动力参与率和劳动力市场效率得分

国家	女性劳动力参与率	劳动力市场效率
英国	69	5.22
印度	27	4.23
墨西哥	46	3.82
中国	70	4.74
日本	63	5.10
西班牙	66	4.08
荷兰	73	4.81
巴西	59	4.27
美国	67	5.76

本研究使用STATA 14软件对8个假设进行多元回归分析验证,并使用Excel对假设5、6、7、8的调节效果进行斜率分析。(西布里和达基特,Sibley &Duckitt. 2008)

第四节 模型结果及分析

一、描述性分析

根据描述性统计和相关性分析结果,我们可以看到各个变量的平均数和标准差(如表4-4)。其中,弹性工作制的平均数为1.54,标准差为0.38,表明在弹性工作制方面的评分相对较低,且分布较为集中。而工作—生活平衡的平均数为4.49,标准差为0.86,显示出工作与生活平衡评分相对较高,但也存在一定的差异。

此外,我们观察到社会集体主义实践的平均数为4.47,标准差为0.52,而集体主义实践的平均数为5.01,标准差为0.66。社会集体主义价值观的平均数为4.61,标准差为0.57,而群体内集体主义价值观的平均数为5.40,标准差为0.31。这些结果表明在集体主义实践和价值观方面,评分相对稳定,但在群体内集体主义实践方面,评分较高且分布较为集中。

表 4-4 描述性统计和相关性统计

		平均值	标准差	1	2	3	4	5	6	7	8
1	工作与生活平衡	4.49	0.86	1							
2	弹性工作制	1.54	0.38	0.20 *	1						
3	社会集体主义	4.47	0.53	-0.14 *	0.12 *	1					
4	内群集体住时间	5.01	0.66	-0.06 *	-0.35 *	-0.29 *	1				
5	社会集体主义价值观	4.61	0.57	0.05 *	-0.25 *	-0.86 *	0.48 *	1			
6	群体内集体主义价值观	5.40	0.31	0.05 *	0.05 *	-0.43 *	0.16 *	0.05 *	1		
7	劳动力市场的效率	60.91	10.16	0.04 *	0.25 *	0.30 *	-0.53 *	-0.29 *	-0.42 *	1	
8	女性劳动力参与率	4.69	0.57	0.05 *	0.31 *	0.58 *	-0.70 *	-0.76 *	-0.29 *	0.60 *	1

N = 7890
* $p<0.05$, * * $p<0.01$, * * * $p<0.001$（双位检验）

在相关性分析中,我们发现社会集体主义实践与弹性工作制呈现轻微的正相关($r=0.12$, $p<0.05$),而群体内集体主义实践与弹性工作制呈现显著的负相关($r=-0.35$, $p<0.05$)。此外,社会集体主义价值观与弹性工作制也呈现显著的负相关($r=-0.25$, $p<0.05$),而群体内集体主义价值观与弹性工作制呈现轻微的正相关($r=0.05$, $p<0.05$)。

需要注意的是,通过相关分析我们发现社会集体主义实践与社会集体主义价值观之间存在较强的相关性(相关系数为-0.86),但由于本次研究关注点不在这两者的关系上,而是着重于探讨它们与弹性工作制和工作—生活平衡的关系。在多元回归分析中,我们对控制变量进行了检验,发现组内集体主义实践和劳动市场中女性占有的比率之间存在一定的相关性(相关系数为-0.70),以及社会集体主义价值观和女性劳动力参与率之间存在一定的相关性(相关系数为-0.76)。然而,通过 VIF 值的检验,我们确定这些变量的多重共线性问题并不严重,因为它们的方差膨胀系数(VIF[①])值都在可接受的范围内(小于 10),因此在回归分析中

[①] VIF 值的中文全称是"方差膨胀因子",也可以简称为"方差膨胀系数"。它是用于检测多元回归模型中自变量之间是否存在多重共线性的指标。在回归分析中,VIF 值用来衡量自变量之间的相关性程度,若 VIF 值较大,表示自变量之间存在较强的共线性,可能会影响回归结果的稳定性和解释性。因此,VIF 值在回归分析中被广泛用于检验自变量之间的多重共线性情况。

我们不需要过分关注这些相关性。综上所述,通过描述性统计和相关性分析对数据进行了初步探索,为后续的回归分析提供了基础。我们将重点关注弹性工作制、工作—生活平衡以及文化价值观和实践之间的关系,并控制了一些重要的变量,以深入探讨它们之间的影响。

二、实证分析模型结果

根据表 4-5 的回归结果分析,我们对假设 1、2、3 和 4 进行了评估。

表 4-5 国家文化与弹性工作制之间的关系分析

变量	模型 1 弹性工作制	模型 2 弹性工作制	模型 3 弹性工作制	模型 4 弹性工作制
社会集体主义价值观	-0.062***			
	(-5.41)			
群体内集体主义价值观		0.234***		
		(16.49)		
社会集体主义实践			-0.060***	
			(-6.25)	
群体内集体主义实践				-0.145***
				(-16.62)
劳动力市场效率	0.003***	0.005***	0.004***	0.002***
女性劳动力参与率	0.000	0.061***	0.197***	0.041***
常数项	1.014***	-0.0194	0.656***	-0.0194
N	7872	7872	7872	7872
R 方	0.1034	0.1302	0.1045	0.1306
调整后的 R 方	0.1031	0.1298	0.1042	0.1303
Prob>F	0.0000	0.0000	0.0000	0.0000
括号中是 t 统计值 * $p<0.05$,** $p<0.01$,*** $p<0.001$(双尾检验) 弹性工作制(FWAS)			

首先,对于假设 1,我们认为社会集体主义价值观会对员工使用灵活工作安

排产生负向影响。模型1的结果显示,社会集体主义价值观倾向较高的社会组织中,员工对灵活工作制的使用明显降低($\beta=-0.062$, $p<0.001$)。这与我们之前的预测结果一致,因此假设1得到支持。

其次,对于假设2,我们认为群体内集体主义价值观会对员工使用灵活工作安排产生正向影响。然而,在模型2中,我们发现在较高的群体内集体主义价值观倾向的社会组织中,员工对灵活工作安排的使用明显提高($\beta=0.234$, $p<0.001$)。这与我们之前的预测结果相反,因此假设2不得支持。

接着,对于假设3,我们认为社会集体主义实践会对灵活工作制产生负向影响。模型3的结果显示,社会集体主义实践可能不利于员工使用灵活工作制($\beta=-0.060$, $p<0.001$),支持了假设3。

最后,对于假设4,我们认为群体内集体主义实践会对灵活工作制产生负向影响。模型4的结果显示,群体内集体主义实践显著可能降低了员工对灵活工作制的使用($\beta=-0.145$, $p<0.001$),因此假设4得到支持。

因此,通过回归分析,我们验证了假设1和假设3,即社会集体主义价值观和实践对灵活工作制产生负向影响,而假设2得到支持,即群体内集体主义价值观对灵活工作制产生正向影响,但假设4未得到支持,即群体内集体主义实践对灵活工作制产生负向影响。

此外,本研究对文化实践与价值观对灵活工作制与工作家庭平衡之间的关系进行了调节作用的验证,涉及了假设5和假设6,其回归分析结果如表4-5所示。假设5认为社会集体主义价值观将会对灵活工作制与工作家庭平衡之间的关系产生消极调节效应。然而,在模型2中,我们发现较高的社会集体主义价值观实际上增强了员工对灵活工作制与工作家庭平衡之间的关系($\beta=0.101$, $p<0.05$)。与我们之前预测的结果相反,因此假设5不成立,如表4-6所示。同样,假设6提出群体内集体主义价值观将会消极调节灵活工作制与工作家庭平衡之间的关系。然而,在模型4中,我们发现较高的群体内集体主义价值观实际上增强了员工对灵活工作制与工作家庭平衡之间的关系($\beta=0.537$, $p<0.001$)。这与之前预测结果不一致,因此假设6也不成立。

表4-6 社会集体主义价值观和群体内集体主义价值观对灵活工作制与工作—生活平衡之间关系的调节效应分析

变量1	模型1 工作与生活平衡	模型2 工作与生活平衡	模型3 工作与生活平衡	模型4 工作与生活平衡
弹性工作安排	0.489***	0.0191	0.448***	-2.445***
	(18.83)	(0.09)	(16.81)	(-5.63)
社会集体主义价值观	0.362***	0.221**		
	(13.48)	(3.23)		
弹性工作制*社会集体主义价值观		0.101*		
		(2.24)		
群体内集体主义价值观			0.139***	-0.681***
			(4.08)	(-5.34)
弹性工作制*内群集体主义价值观				0.537***
				(6.68)
劳动力市场效率	-0.005***	-0.006***	0.002	0.002
	(-4.33)	(-4.57)	(1.44)	(1.27)
女性劳动力参与率	0.306***	0.322***	-0.017	-0.039
	(9.50)	(9.76)	(-0.80)	(-1.80)
常数项	0.956***	1.563***	3.016***	7.545***
	(4.14)	(4.39)	(13.41)	(10.56)
N	7872	7872	7872	7872
R方	0.0631	0.0637	0.0435	0.0489
调整后的R方	0.0626	0.0631	0.0430	0.0483
Prob>F	0.0000	0.0000	0.0000	0.0000

括号中是t统计值
 * $p<0.05$,** $p<0.01$,*** $p<0.001$(双尾检验)
弹性工作制(FWAS)工作与生活平衡(WLF)

图 4-2 和图 4-3 显示了社会集体主义价值观和群体内集体主义价值观对弹性工作制与工作家庭平衡之间的积极调节效应。斜率检验结果显示,低群体内集体主义价值观与高群体内集体主义价值观之间的差异性较为显著(见表 4-7),而低社会集体主义和高社会集体主义价值观之间没有显著性(见表 4-8)。

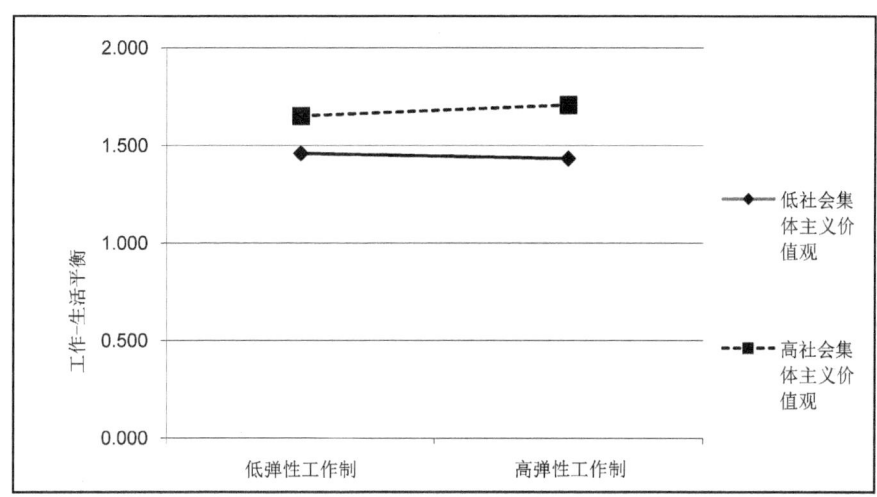

图 4-2 弹性工作制与社会集体主义价值观对工作—生活平衡的互动效应图

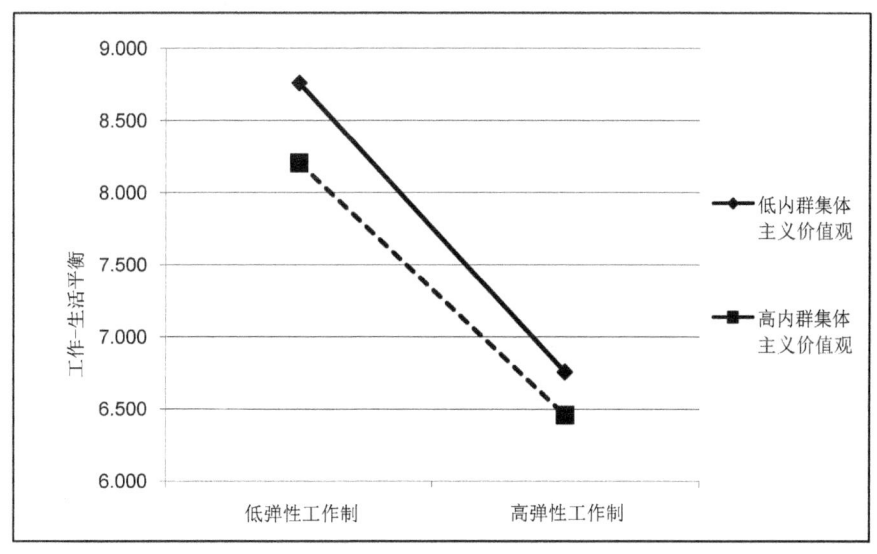

图 4-3 弹性工作制与群体内集体主义价值观对工作—生活平衡的互动效应图

表 4-7 斜率检验

低社会集体主义价值观的简单斜率	-0.034
低社会集体主义价值观的斜率 t 值	-0.285
低社会集体主义价值观的斜率 p 值	0.776
高社会集体主义价值观的简单斜率	0.073
高社会集体主义价值观的斜率 t 值	0.070
高社会集体主义价值观的斜率 p 值	0.944

表 4-8 斜率检验

低群体内集体主义价值观的简单斜率	-2.613
低群体内集体主义价值观的斜率 t 值	-7.359
低群体内集体主义价值观的斜率 p 值	0.000
高群体内集体主义价值观的简单斜率	-2.276
高群体内集体主义价值观的斜率 t 值	-2.624
高群体内集体主义价值观的斜率 p 值	0.009

因此,本研究对文化实践与价值观对灵活工作制与工作家庭平衡之间关系的调节作用进行了验证,结果发现假设 5 和假设 6 不成立,并且社会集体主义价值观和群体内集体主义价值观对弹性工作制与工作家庭平衡之间存在不同的积极调节效应。

根据表 4-9 的结果,我们进一步验证了假设 7 和假设 8,即社会集体主义实践和群体内集体主义实践对灵活工作制与工作-家庭平衡之间的调节作用。在模型 2 中,我们发现社会集体主义实践对灵活工作制与工作-家庭平衡之间具有消极的调节作用($\beta = -0.154, p < 0.01$),而在模型 4 中,群体内集体主义实践对该关系也具有消极的调节作用($\beta = -0.149, p < 0.001$)。这验证了我们的假设 7 和假设 8,因此这两个假设成立。

表 4-9 社会集体主义实践和群体内集体主义实践对弹性工作制与工作—生活平衡之间关系的调节效应分析

变量1	模型1 工作与生活平衡	模型2 工作与生活平衡	模型3 工作与生活平衡	模型4 工作与生活平衡
弹性工作安排	0.437***	1.127***	0.470***	1.224***
	(16.92)	(5.27)	(17.64)	(5.86)
社会集体主义实践	−0.376***	−0.135		
	(−17.15)	(−1.74)		
弹性工作制 * 社会集体主义实践		−0.154**		
		(−3.25)		
群体内集体主义实践			0.0111	0.254***
			(0.53)	(3.63)
弹性工作制 * 内群集体主义实践				−0.149***
				(−3.64)
劳动力市场效率	−0.001	−0.001	0.000	0.000
	(−1.16)	(−1.34)	(0.06)	(0.29)
女性劳动力参与率	0.200***	0.193***	−0.0145	−0.0136
变量1	模型1 工作与生活平衡	模型2 工作与生活平衡	模型3 工作与生活平衡	模型4 工作与生活平衡
	(8.13)	(7.79)	(−0.57)	(−0.54)
常数项	4.646***	3.619***	3.772***	2.514***
	(50.82)	(11.00)	(18.29)	(6.24)
N	7872	7872	7872	7872
R 方	0.0760	0.0772	0.0415	0.0431
调整后的 R 方	0.0755	0.0767	0.0410	0.0425
Prob>F	0.0000	0.0000	0.0000	0.0000

括号中是 t 统计值
* $p<0.05$，** $p<0.01$，*** $p<0.001$（双尾检验）
弹性工作制(FWAS) 工作与生活平衡(WLF)

社会集体主义实践和群体内集体主义实践对灵活工作制和工作家庭平衡之间的消极调节效应如图4-4和图4-5所示。斜率分析结果显示,低社会集体主义实践的斜率是显著的,而高社会集体主义实践的斜率不显著(见表4-10)。同样,高群体内集体主义实践的斜率较为显著,而低群体内集体主义实践的斜率不显著(见表4-11)。

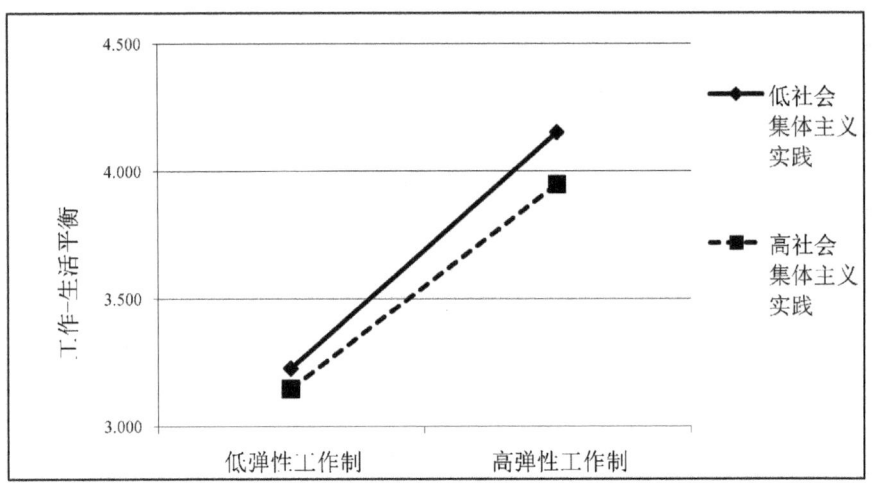

图4-4 弹性工作制与社会集体主义实践对工作—生活平衡的互动效应图

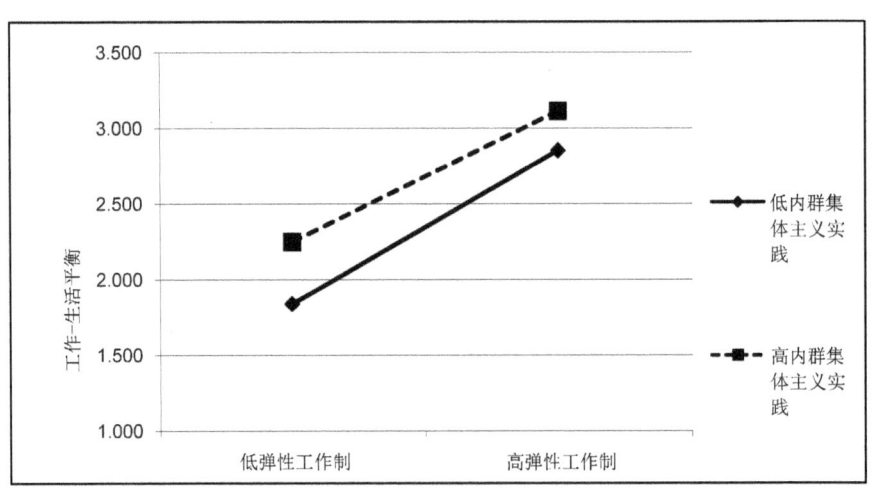

图4-5 弹性工作制与群体内集体主义实践对工作—生活平衡的互动效应图

表 4-10 斜率检验

低社会集体主义实践的简单斜率	1.208
低社会集体主义实践的斜率 t 值	2.661
低社会集体主义实践的斜率 p 值	0.008
高社会集体主义实践的简单斜率	1.045
高社会集体主义实践的斜率 t 值	0.810
高社会集体主义实践的斜率 p 值	0.418

表 4-11 斜率检验

低群体内集体主义实践的简单斜率	1.322
低群体内集体主义实践的斜率 t 值	2.074
低群体内集体主义实践的斜率 p 值	0.038
高群体内集体主义实践的简单斜率	1.125
高群体内集体主义实践的斜率 t 值	0.796
高群体内集体主义实践的斜率 p 值	0.426

这表明社会集体主义实践和群体内集体主义实践在调节弹性工作制与工作—生活平衡关系方面发挥着负向的作用。总体而言,研究结果揭示了文化实践与价值观在对灵活工作制与工作家庭平衡的影响中的重要调节作用,为组织在推动员工工作生活平衡方面提供了有益的理论和实践参考。

因此,我们验证了假设 7 和假设 8,即社会集体主义实践和群体内集体主义实践对弹性工作制与工作家庭平衡之间的消极调节作用,并通过斜率分析进一步支持了这些结果。

综上所述,本次研究通过回归分析验证了假设 1、2、3 和 7、8,同时假设 4、5 和 6 均未得到支持。我们进一步发现社会集体主义实践和群体内集体主义实践对弹性工作制与工作家庭平衡之间具有负向调节作用。图 4-4 和图 4-5 展示了这些调节效应,斜率分析结果也支持了这些发现。

第五章 结论

第一节 跨文化价值观与企业使用弹性工作制之间的关系

根据本次研究结果的分析,社会文化价值观的两个维度对员工使用灵活工作安排会产生不同的影响。在较高的社会集体主义价值观的社会组织中,员工使用灵活工作安排的可能性较低。这表明在真实的社会集体主义社会中,人们更倾向于融入集体,并认同集体荣誉感。在这样的社会中,员工更愿意选择传统的工作模式,而不太倾向于采用灵活工作制。可能是因为在社会集体主义价值观较强的社会中,人们更注重集体的利益和荣誉,选择传统工作模式可能更符合集体共识,也有利于维持和加强集体凝聚力。

此外,社会集体主义价值观较强的社会中,男性和女性具有相对平等的选择机会。因此,职场人士不希望因为选择灵活工作模式而与领导、同事疏远,也不愿让自己脱离集体。这可能与社会集体主义价值观倡导的平等、团结和互助精神有关。在这种环境下,选择灵活弹性工作制可能会让职场人士的工作与家庭边界变得模糊,因为更多的灵活性意味着更多的工作时间和压力。相比之下,选择正常的工作模式可以使工作与家庭之间有明确的界限,有利于保持工作与家庭之间的平衡。

然而较为有趣的是,我们发现在较高的群体内集体主义价值观社会组织中,员工更愿意使用灵活工作安排。群体内集体主义强调个体在群体内部的认同和接纳,注重社会其他成员对个人的看法,以群体内部组织为中心,强调成员被社会群体接纳的重要性和融入程度。这与霍夫斯塔德学者提出的集体主义价值观观点相符(益田等人,2012)。

相比之下,在较高群体内集体主义价值倾向的社会组织中,崇尚个人主义文化价值的员工可能更喜欢使用灵活工作安排。这些员工可能更适应独处生活,不喜欢过多的社交互动,喜欢保持一定的距离和边界感,不太适应群体的生活。他们更加注重个人利益,较少考虑他人感受和群体利益,缺乏强烈的集体凝聚力和集体荣誉感。

值得注意的是,全球跨文化调查项目显示,社会主义价值观和群体内集体主义价值观都属于集体主义价值观。根据研究结果,社会集体主义价值观与灵活工作安排呈负相关,与霍夫斯泰德等学者提出的集体主义价值观对灵活工作安排的影响趋势一致。然而,群体内集体主义价值观与员工使用灵活工作安排呈正相关,这产生了一个有趣的反差。

这是一个有趣且复杂的发现。解释这种反差的结果需要综合考虑文化价值观和实际社会文化实践的相互作用,以及灵活工作安排在不同文化背景下可能带来的不同意义和需求。

第一,群体内集体主义价值观的强调。群体内集体主义价值观强调个人在群体内部的认同和接纳,关注社会其他成员对个人的看法。在较高的群体内集体主义文化价值倾向的社会组织中,员工可能更加注重与群体内部的融入程度,希望被社会群体接纳并具有较强的群体凝聚力和归属感。这种价值观导致员工更倾向于采用能够与群体内部组织相协调的灵活工作安排。

第二,个人主义文化价值观负面推进影响。根据之前提到的研究结果,相比较在较高群体内集体主义价值倾向的社会组织中,崇尚个人主义文化价值的员工可能更喜欢使用灵活工作安排。这些员工更加注重个人利益得与失,不喜欢主动与他人或集体分享自己的成果,喜欢独处并与他人或集体保持一定的距离,因此他们更注重个人的需求和感受,较少考虑他人的感受和群体的利益。

第三,灵活工作安排的不同意义和需求。灵活的工作安排在不同文化背景下可能有不同的意义和需求。在较高的群体内集体主义价值倾向的社会组织中,员工选择灵活工作安排主要是为了更好地平衡工作与家庭的关系,工作的同时又能照顾家人,保持家庭凝聚力。员工使用灵活工作安排可以合理地调整工作时间和地点,从而有更多时间陪伴和照顾家人。这不仅减少了工作与家庭的冲突,还提高了工作与家庭的平衡关系,增强了家庭凝聚力。

第二节　跨文化实践行为对企业使用弹性工作制的影响

假设3和假设4的验证为本研究提供了有效的数据支撑。虽然社会集体主义实践强调个人被社会群体接纳的重要性,而群体内集体主义注重个人与家庭等小范围组织之间的关系,但两者在集体主义价值观方面都具有较高的倾向性。

具体而言,在集体主义社会中,员工采用灵活的工作方式,例如灵活工作时间或远程办公等,可能会限制雇主与员工之间以及员工与员工之间的面对面交流和沟通。这导致雇主与员工之间的关系变得疏远,同时减少员工与员工之间的紧密联系。这样的情况不利于个人参与社会群体的活动,也会妨碍个人在社会组织中形成凝聚力,从而影响个人在组织中被接纳和被认可的程度。

然而,研究结果也表明国家文化实践和组织实践之间的紧密关系。未来的研究可以进一步深入探讨国家文化实践的不同维度,以及组织实践对员工行为的影响。这样的研究将有助于更全面地理解文化对员工采用灵活工作制等方面的影响,并为组织者提供更有效的管理策略和政策决策依据。

例如,两家全球化公司在不同国家的分支机构,一家位于社会集体主义实践较高的国家(如中国),另一家位于群体内集体主义实践较高的国家(如印度)。在中国分支机构中,社会集体主义实践强调个人融入集体,注重组织成员之间的紧密联系和团队合作。在这种文化背景下,员工普遍认同集体主义的价值观,更倾向于在公司内部建立稳固的人际关系网,并与同事、领导保持良好的关系。因此,员工可能不太愿意采用灵活工作制(如远程办公),因为这样的工作方式可能会降低面对面交流和合作的机会,进而影响组织内部的凝聚力和员工之间的互动。

与此相反,在印度,群体内集体主义实践强调家庭和亲属关系的重要性。在印度的企业文化中,员工通常面临着家庭和工作之间的平衡问题。对于员工来说,采用灵活工作制可能成为一种更加适应家庭需求的方式。例如,远程办公可以允许员工更好地照顾家庭成员,同时在工作上保持一定的灵活性。因此,印度的员工可能更愿意接受灵活工作制,将实际工作与家庭需求相结合。

假设两家公司都实施了灵活工作政策,允许员工自由选择是否采用远程办公。在中国分支机构,由于员工普遍认同集体主义价值观,许多员工可能选择继续在公司办公,以保持与同事、领导之间的密切联系。而在印度分支机构,由于群体内集体主义强调家庭凝聚力,许多员工可能更倾向于选择远程办公,以更好地平衡工作与家庭之间的需求。

上述案例表明,不同国家的文化实践对员工采用灵活工作制产生了不同的影响。社会集体主义实践可能降低员工对灵活工作的接受度,而群体内集体主义实践可能促进员工对灵活工作的选择。了解和考虑不同国家文化对员工行为的影响,有助于公司制定更适合当地文化背景的灵活工作政策,提高员工满意度和绩效。

第三节 跨文化价值观与实践对企业使用弹性工作制与员工工作—生活的平衡调节作用

本研究探讨了跨文化价值观和实践对企业使用弹性工作制与员工工作—生活平衡的调节作用。通过考察不同国家或地区的文化价值观和实践发现,社会文化实践与社会文化价值观在调节员工使用灵活工作安排与员工工作生活平衡之间的关系时,表现出不同的影响。具体来说,社会文化实践减弱了员工采用灵活工作制与工作生活平衡之间的关系,而社会文化价值观却增强了这种关系。

具体而言,在研究文化实践的两个维度中,社会集体主义实践和群体内集体主义实践对员工采用灵活工作安排的影响结果一致,即它们都削弱了员工采用灵活工作安排与员工的工作生活平衡之间的关系。

在社会集体主义实践较高的社会,文化被视为一种社会福利,这可能导致不同组织采用灵活工作制的可能性不同。在一些个人主义国家如美国、英国和荷兰,育儿成本较高,员工需要投入更多的时间和精力照顾孩子。(伊罗迪亚科诺和斯塔夫鲁,Ierodiakonou &Stavrou, 2017)因此,弹性工作制对员工具有吸引力,它可以帮助员工更好地平衡工作和家庭需求。此外,员工可能会在工作之余从事兼职工作,用来增加收入,以缓解育儿带来的经济压力。在这种情况下,灵活工作安排对员工的吸引力较大,因为它有助于改善工作生活平衡,使员工能够更好地处理工作和家庭的问题。

相反,在社会集体主义文化较高的社会,社会福利分配可能更为充分,育儿成本较低,员工对组织是否采用弹性工作制可能不那么在意。这是因为在这样的社会中,员工会享受到更多的育儿福利,从而减轻了育儿方面的经济压力和时间负担。另外,群体内集体主义在组织实践中具有高度凝聚力和团结性,可能减少员工与群体外成员或组织的情感交流和信息沟通。这也导致员工较少报告工作与家庭之间的冲突和矛盾。在这种情况下,集体主义文化实践降低了员工使用灵活工作制对工作生活平衡的影响强度。(吴泰伟和费尔德曼,Ng & Feldman, 2014)

社会集体主义实践和群体内集体主义实践对员工使用灵活工作安排的影响结果一致,它们都减弱了员工使用灵活工作安排与员工的工作生活平衡之间的关系。不同社会文化实践下的员工对灵活工作安排的需求和态度有所差异,这对组织在制定灵活工作政策时需要考虑到不同文化背景的员工的需求和情况,以实现更好的工作生活平衡和员工满意度有所帮助。

此外,另一个比较有趣的结果是,对于社会文化价值观调节灵活工作制对员工的工作生活平衡影响的效果,与之前预测的结果相反,社会集体主义价值观和群体内集体主义价值观会增强员工使用灵活工作制与工作生活平衡之间的关系。这个结果同样与本书之前的推测形成了反差。

这种反差的出现可能涉及不同文化价值观对员工对工作生活平衡看法和态度的影响。尽管社会集体主义价值观和群体内集体主义价值观都属于集体主义价值观,但它们在具体内容和体现方式上存在差异,从而导致对灵活工作制的态度产生不同影响。

首先,社会集体主义价值观注重个人在社会群体中被接纳和融入的重要性。在这种文化背景下,组织成员更可能加入工会等社会机构,强调人人平等观念,倡导员工享有灵活的工作安排,以满足员工个人的需求。在社会集体主义实践中,灵活工作安排被视为一种社会福利,有助于员工更好地平衡工作和家庭需求,因此增强了员工使用灵活工作制与工作生活平衡之间的关系。

其次,群体内集体主义价值观强调家庭和团队的凝聚力,被一些学者称为"家庭集体主义"。在这种文化中,员工更关注家人的利益,倾向于使用灵活工作安排,以合理地安排工作时间和工作地点,从而有更多的时间陪伴和照顾家人。这有助于减少工作与家庭之间的冲突,提高工作与家庭的平衡,增加家庭凝聚力,因此也增强了员工使用灵活工作制与工作生活平衡之间的关系。

再次,对于社会集体主义价值观文化来说,个人更有可能加入工会等公司以外的社会机构。这些强大的社会集体主义制度保护每个员工的权利,支持人人平等观念,确保雇主可以满足员工的需求,使用灵活工作安排,以满足员工个人的需要,并且支持员工的工作与家庭之间的平衡关系。这种文化背景下,灵活工作安排被认为有助于员工更好地平衡工作与家庭需求,从而增强了工作与生活平衡之间的关系。(佩雷斯和罗森布拉特,Peretz & Rosenblatt,2017)

这种反差的出现表明,在不同文化背景下,员工对工作与生活平衡的需求和态度可能存在差异。不同的文化价值观可能影响员工对灵活工作制的看法和接受程度,从而影响其在工作与生活平衡方面的表现。因此,组织在制定灵活工作政策时,需要充分考虑员工的文化背景和价值观,以更好地满足员工的需求,提高其工作满意度和生活质量。同时,这也提示未来研究可以进一步深入探讨不同文化背景下的员工对灵活工作制的态度和影响因素,为组织管理和政策制定提供更具体的建议和指导。

第六章 讨论

第一节 主要创新点

本次研究的创新之处可以总结为以下三个方面。

首先,本研究采用了全球文化维度跨文化全球调查项目的两个价值观维度(社会集体主义价值观和群体内集体主义价值观),在多个国家文化背景下深入研究了员工使用灵活工作安排的影响,避免了单一国家文化背景下研究的局限性。研究结果显示,社会集体主义价值观与灵活工作安排呈负相关,与霍夫斯泰德的集体主义价值观对灵活工作安排的影响一致。然而,与之前的预测相反,群体内集体主义价值观与员工使用灵活工作安排呈正相关。这一发现对研究不同文化背景下灵活工作制的影响提供了新视角。

其次,本研究探讨了国家文化价值观对组织实践的影响,提出了尚未广泛研究的国家文化实践对组织实践的实证分析。研究结果显示社会集体主义和群体内集体主义实践对员工使用灵活工作安排的有效性有一定程度的影响,验证了社会文化实践与组织实践的关联性。这为未来探讨社会文化实践对组织实践的影响提供了坚实基础。

再者,本研究深入分析了国家文化价值观和实践对员工使用灵活工作安排对工作与生活平衡的调节效果。社会文化价值观和实践都对员工使用灵活工作安排和工作与生活平衡之间的关系产生调节作用。有趣的是,社会集体主义价值观和群体内集体主义价值观增强了员工使用灵活工作安排对工作生活平衡的影响强度,而社会集体主义实践与群体内集体主义实践降低了员工使用灵活工作安排对工作生活平衡的影响强度。这一研究结果表明,根据不同文化价值观和实践背景,员工使用灵活工作安排对工作与生活平衡会产生积极和消极的影响。这为学者和实践者提供了更全面、深入地了解灵活工作安排的影响机制。

综上所述,本研究通过跨文化的视角和综合的研究方法,为深入了解不同文化背景下员工使用灵活工作安排的实际影响提供了重要贡献。这些研究结果对于组织管理和政策制定有着重要的指导意义,有助于组织更好地满足员工的需求,提升员工的工作满意度和生活质量。

值得强调的是,本次调查结果显示,在向员工提供弹性工作制之前,组织应充分考虑员工的民族文化差异。不同的文化背景下,员工对灵活工作安排的使用需求存在差异。而且,不同的社会文化背景也可能对员工使用灵活工作制对工作家庭平衡影响具有不同的调节作用。

因此,在实施灵活工作安排时,组织应该审慎考虑国家文化价值观和实践对员工的影响。通过了解不同文化下员工的需求和偏好,组织可以更有针对性地设计和实施灵活工作制,最大程度地提高员工的工作满意度和生活质量。

此外,本研究还为未来深入研究社会文化实践对组织实践的影响提供了新的思路和方向。通过进一步探究文化实践的维度和对员工行为的影响,我们可以更全面地理解文化对员工使用灵活工作制等方面的影响机制,为组织提供更有效的管理和政策决策依据,为跨文化研究领域和组织管理实践提供有价值的见解。希望这些研究结果能够为建立更加包容和多种文化背景下的工作环境,推动员工的工作生活平衡与发展提供有益的启示。

第二节　研究的不足

本研究还存在一些局限性。

首先,由于本研究采用的是横断面数据,无法观察到随时间改变后的变化和趋势,因此不能确定因果关系。未来的研究可以考虑采用纵向研究设计,追踪员工使用灵活工作安排和工作—生活平衡之间关系的变化和演变。

其次,本研究中所使用的数据源主要集中在少数几个国家,无法全面代表全球不同的文化背景。未来的研究可以拓展研究样本,涵盖更多的国家和地区,以增加研究结果的泛化性和可靠性。

此外,本研究虽然已经控制了一些潜在的干扰变量,但仍可能存在其他未考虑的因素,对研究结果产生影响。例如,组织的文化和领导风格可能对员工使用灵活工作安排和工作生活平衡产生重要影响。未来的研究可以加以考虑并进一步探究这些因素。

最后,本研究对员工使用灵活工作安排和工作—生活平衡的调节效应进行了实证研究,但并未深入探讨员工背后的动机和心理机制。未来的研究可以采用心理学和行为学的方法,深入研究员工的态度、动机和行为,从更细致的层面理解不同国家文化实践对员工行为的影响。

综上所述,本研究虽有其局限性,但为我们深入了解国家文化实践对组织实践的影响提供了重要线索。未来可以通过克服局限性,继续深化研究,为组织管理和政策制定提供更加全面和有效的建议,促进员工工作生活平衡,实现组织和员工的共赢。

第三节 未来进一步的研究

本次调查研究的结果为未来研究指明了几个有意义的方向。

首先,通过使用其他涵盖更多国家的数据库进行分析和研究,可进一步拓展研究样本,以更好地了解国家文化对组织采用灵活工作制的可行性,以及国家文化如何调节组织采用灵活工作方式与员工工作生活之间关系的影响。这将有助于增强研究结果的泛化性和可靠性。

其次,研究可以进一步探究制度因素对员工使用灵活工作制的调节作用。制度因素在影响组织实践方面扮演着重要的角色。未来的研究可以结合不同国家的制度因素,深入分析这些因素如何影响组织使用灵活工作安排,进一步理解不同国家背景下的灵活工作制的可行性。我们可以通过对比不同国家的劳动法律、社会福利政策、育儿支持措施等制度因素,来探究它们对组织实践的影响。例如,在加拿大,政府对于工作时间的灵活性和育儿支持程度较高,这可能导致组织更愿意采用灵活工作制来满足员工的需求。而在巴西和日本,由于其文化和制度背景的差异,可能对灵活工作制的应用产生不同的影响。这样的研究有助于深入理解不同国家制度因素对组织实践的调节作用。

再者,除了国家文化与组织实践之间的影响,我们可以增加组织层面的分析,探究国家文化对组织采用灵活工作的前因后果。过去的研究多聚焦于组织效应层面,而本次研究的发现揭示了国家文化价值观和实践与个人在组织中的行为以及组织结果之间存在显著的关联性。这一发现对于深化我们对组织行为的理解具有重要的启示作用,并值得未来进一步深入探索和研究。为了进一步探究国家文化对组织采用灵活工作的前因后果,我们进行了更细致的组织层面分析。我们观察了组织的文化价值观和实践,以及这些因素如何与国家文化交互作用,影响员工在组织中对灵活工作制的态度和行为。例如,一家总部位于日本的跨国公司可能在其加拿大分部实行不同的灵活工作政策,因为在不同国家的文化和制度背景下,组织的实践可能存在差异。这样的分析有助于揭示国家文化与组织实践之间更为复杂的关系。

最后,由于国家文化与组织实践之间的实证研究仍相对有限,未来的研究可以继续补充国家文化实践对组织实践不同表现方式的分析。通过持续努力,我们可以进一步揭示国家文化实践对组织实践的影响机制,为组织管理和政策制定提供更加全面和有效的建议,从而促进员工工作—生活平衡,实现组织和员工的共赢。这项研究的发现不仅可以为组织管理者提供更具实践意义的指导,也可以为决策者制定更为包容、更加适应不同文化背景的政策提供有力的支持。今后,我们可以不断拓展对国家文化与组织实践之间关系的认知,为构建更加和谐和可持续的工作环境做出积极贡献。

致谢

在书稿完成之际,我想要由衷地表达深深的感激之情,向那些在我著作编写过程中给予无私支持、激励和帮助的众人致以最诚挚的谢意。正是因为有了你们的默默陪伴和无私支持,我才能够走到今天,实现了自己的梦想和目标。

首先要由衷地感谢我尊敬的老师权教授。您在我撰写著作的每一个阶段都给予了无微不至的关心和悉心指导。您的鼓励和耐心的教诲,不仅帮助我解决了许多难题,还使我能够顺利完成这本著作。您的指引和支持将永远成为我前行的力量源泉。

同时,我要深深感谢本次研究过程中的其他成员,其中包括金正元教授、金泰仁教授等。正是你们的专业见解和珍贵建议,使我的研究变得更加完善和深入。你们的指导不仅在学术上帮助了我,更是在人生道路上启发了我。

要深深地向我心爱的家人们表达感激之情。亲爱的祖母、慈爱的父母、关爱备至的妻子,还有我可爱的女儿依依,你们的支持让我在创作的道路上感受到了真挚的温暖和无尽的力量。你们是我人生旅途中最重要的支持者和鼓励者,你们的爱是我前进的动力。

你们的支持不仅是我前进的动力,更是我坚守初心的源泉。每一次踏入创作的旅程,我都能感受到你们默默的支持,这份支持让我在面对困难和挑战时能够勇往直前。你们是我最坚实的后盾,是我无畏追求梦想的信心所在。

你们的理解是我创作的灵感之源。在创作过程中,我时常陷入思考和探索,而你们总是愿意倾听我的分享,给予我宝贵的建议和意见。你们的理解不仅让我在创作中获得更多灵感,更让我感受到了无条件的支持和鼓励。

在每一个困难和挫折面前,你们的鼓励如同一盏明灯,指引我前行的道路。你们的默默支持,创造了一个宁静和专注的环境,让我能够全身心地投入创作中,不断突破自己的极限。在人生的旅途中,你们的爱是我最宝贵的财富。我要将你们的爱传递下去,用行动回报你们的付出。在这个充满感恩的时刻,我要向你们表达最深的谢意:"谢谢你们!"愿我们的家庭永远充满温馨和爱,共同创造更多幸福的时光和美好的回忆。

　　我还要特别感谢我亲爱的朋友们,你们是我人生中不可或缺的珍贵财富。首先,要感谢张博兄,你对我的文献支持不仅为我著作的编写提供了充足的资料和参考,更让我深切体会到你的专业知识对我而言是一笔宝贵的财富。你的分享和讨论使我在创作过程中得以突破思维的边界,从而创造出更具深度和创新性的内容。这份友情是我人生中宝贵的财富,是我前进的力量源泉。史鹏飞兄,你的殷切关怀让我感受到了友情的温暖和支持的力量。无论是在学术领域还是生活中,你始终关注着我的成长和进步,给予了我前进的动力。你的关心让我感受到了真挚的友情,每一次与你的交流都是我人生中宝贵的时刻。还要特别感谢我敬爱的编辑王珂老师,您的鼎力协助是我创作之旅中不可或缺的一部分。您的专业指导不仅帮助我解决了技术上的问题,更在我迷茫的时候为我指引了明确的方向。您的经验和见解成为我前进的灯塔,每一次与您的交流都是我知识和思想的丰富之旅。感谢您为我提供了宝贵的机会和平台,让我有机会将自己的思想和创意分享给更多的人。您的付出让我深感荣幸,同时也激励我要不断努力,追求更高的目标和更大的成就。在这个充满感恩的时刻,我由衷地向你们表达我最深切的谢意:"谢谢你们!"愿我们的友情如同细雨般滋润,在岁月的编织中永远保持坚韧和持久。

　　最后,我要衷心感谢那些在我人生道路上与我相遇的师长、同学、同事和伙伴们。是你们的支持、鼓励和协助,激发了我前进的勇气和决心。我将永远心存感激,为回馈社会、回报你们的关爱而努力。

　　此刻,满怀感恩,我希望向你们表达最深的谢意:"谢谢你们!"愿我们继续紧密合作,共同努力,创造更多令人难忘的回忆和辉煌成就。

　　由衷感谢!

参考文献

陈晓萍.跨文化管理[M].北京:清华大学出版社,2016.

唐宁玉,王玉梅.跨文化管理:理论和实践[M].北京:科学出版社,2016.

霍尔顿.跨文化管理:基于知识管理的视角.康青,郑彤,韩建军译.北京:中国人民大学出版社,2011.

霍夫斯泰德 G, J, 明科夫.文化与组织:心理软件的力量.第三版.张炜,王烁译.北京:电子工业出版社,2019.

费孝通.论文化与文化自觉[M].北京:群言出版社,2007.

史密斯,彭迈克.跨文化社会心理学[M].北京:人民邮电出版社,2009.

ADAIR W L, HIDEG I, SPENCE J R. The culturally intelligent team: The impact of team cultural intelligence and cultural heterogeneity on team shared values[J]. Journal of cross-cultural psychology, 2013, 44(6): 941-962.

ARYEE S, STONE R J. Work experiences, work adjustment and psychological well-being of expatriate employees in Hong Kong[J]. International Journal of Human Resource Management, 1996, 7(1): 150-164.

ALBION M J. A measure of attitudes towards flexible work options[J]. Australian Journal of Management, 2004, 29(2): 275-294.

ALESINA A, DEVLEESCHAUWER A, EASTERLY W, et al. Fractionalization[J]. Journal of Economic growth, 2003, 8: 155-194.

ALLEN T D. Family-supportive work environments: The role of organizational perceptions[J]. Journal of vocational behavior, 2001, 58(3): 414-435.

ALLEN T D, FRENCH K A, DUMANI S, et al. Meta-analysis of work-family conflict mean differences: Does national context matter? [J]. Journal of Vocational Behavior, 2015, 90: 90-100.

ALLEN T D, LAPIRERRE L M, SPECTOR P E, et al. The link between national paid leave policy and work-family conflict among married working parents[J]. Applied Psychology, 2014, 63(1): 5-28.

ALIS D, KARSTEN L, LEOPOLD J. From gods to goddesses: Horai management as an approach to coordinating working hours[J]. Time & Society, 2006, 15(1): 81-104.

AYCAN Z. The interplay between cultural and institutional/structural contingencies in human resource management practices[J]. The International Journal of Human Resource Management, 2005, 16(7): 1083-1119.

BEAUREGARD T A, HENRY L C. Making the link between work-life balance practices and organizational performance[J]. Human resource management review, 2009, 19(1): 9-22.

BERG P, APPLBAUM E, BAILEY T, et al. Contesting time: International comparisons of employee control of working time [J]. Ilr Review, 2004, 57(3): 331-349.

BEHM B, DROBNIC S, PRAG P, et al. Work-to-family enrichment across national cultures: A study among employees from seven European countries[C]//Work and Family Researchers Network Conference, New York. 2014.

BETTIO F, DEL BONNO E, SMITH M. Working time patterns in the European Union: policies and innovations from a gender perspective: report of the European Commission's Group of Experts on "Gender and Employment"[J]. (No Title), 1998.

BOND J T. Highlights of the national study of the changing workforce[M]. Families and Work Institute, 2002.

BRANINE M. Part-time work and jobsharing in health care: is the NHS a family-friendly employer? [J]. Journal of health organization and management, 2003, 17(1): 53-68.

BREWSTER C, MAYNE L, TTEGASKIS O. Flexible working in Europe[J]. Journal of World Business, 1997, 32(2): 133-151.

CROSBIE T, MOORE J. Work-life balance and working from home[J]. Social policy and society, 2004, 3(3): 223-233.

CLARK S C. Work/family border theory: A new theory of work/family balance [J]. Human relations, 2000, 53(6): 747-770.

CASEY P R, GRZYWACZ J G. Employee health and well-being: The role of flexibility and work-family balance[J]. The Psychologist-Manager Journal, 2008, 11 (1): 31-47.

CHILD J, KIESER A. Development of organizations over time[J]. Handbook of organizational design, 1981, 1: 28-64.

DEN DULK L, PETERS P, POUTSMA E, et al. The extended business case for childcare and leave arrangements in Western and Eastern Europe[J]. Baltic Journal of Management, 2010, 5(2): 156-184.

DEN DULK L, PETERS P, POUTSMA E. Variations in adoption of workplace work-family arrangements in Europe: The influence/ of welfare-state regime and organizational characteristics[J]. The International Journal of Human Resource Management, 2012, 23(13): 2785-2808.

DEN DULK L, GROENEVELD S, OLLIER-MALATERRE A, et al. National context in work-life research: A multi-level cross-national analysis of the adoption of workplace work-life arrangements in Europe [J]. European Management Journal, 2013, 31(5): 478-494.

DICKSON M W, ADITYA R N, CHHOKAR J S. Definition and interpretation in cross-cultural organizational culture research: Some pointers from the GLOBE research program[J]. Handbook of organizational culture and climate, 2000: 447-464.

EARLEY P C. East meets West meets Mideast: Further explorations of collectivistic and individualistic work groups[J]. Academy of management journal, 1993, 36(2): 319-348.

EREZ M, EARLEY P C. Culture, self-identity, and work[M]. Oxford University Press, USA, 1993.

EARLEY P C, GIBSON C B. Taking stock in our progress on individualism-collectivism: 100 years of solidarity and community[J]. Journal of management, 1998, 24(3): 265-304.

EARLEY P C, MOSAKOWSKI E. Cultural intelligence[J]. Harvard business review, 2004, 82(10): 139-146.

EATON S C. If you can use them: Flexibility policies, organizational commitment, and perceived performance[J]. Industrial Relations: A Journal of Economy and Society, 2003, 42(2): 145-167.

ERUMBAN A A, DE JONG S B. Cross-country differences in ICT adoption: A consequence of Culture? [J]. Journal of world business, 2006, 41(4): 302-314.

The center for creative leadership handbook of leadership development[M]. New-York: John Wiley & Sons, 2004.

FALICOV C J. The cultural meanings of money: The case of Latinos and Anglo-Americans[J]. American Behavioral Scientist, 2001, 45(2): 313-328.

FISCHER R, FERREIRA M C, ASSMAR E M L, et al. Organizational behaviour across cultures: Theoretical and methodological issues for developing multi-level frameworks involving culture[J]. International Journal of Cross Cultural Management, 2005, 5(1): 27-48.

FISCHER R, MANSELL A. Commitment across cultures: A meta-analytical approach[J]. Journal of International Business Studies, 2009, 40: 1339-1358.

FRTE N K, BREAYGH J A. Family-friendly policies, supervisor support, work-family conflict, family-work conflict, and satisfaction: A test of a conceptual model[J]. Journal of business and psychology, 2004, 19: 197-220.

GALINSKY E, BOND J T, SAKAI K, et al. National study of employers[J]. New York, NY: Families and Work Institute, 2008.

GELFAND M J, EREZ M, AYCAN Z. Cross-cultural organizational behavior [J]. Annu. Rev. Psychol., 2007, 58: 479-514.

GAJENDRAN R S, HARRISON D A. The good, the bad, and the unknown about telecommuting: meta-analysis of psychological mediators and individual consequences[J]. Journal of applied psychology, 2007, 92(6): 1524.

GRZYWACZ J G, CARLSON D S, SHULKIN S. Schedule flexibility and stress: Linking formal flexible arrangements and perceived flexibility to employee health[J]. Community, Work and Family, 2008, 11(2): 199-214.

GROVE C N. Introduction to the GLOBE research project on leadership worldwide[J]. Grovewell-Global Leadership Solutions LCC. Retrieved October, 2005, 2: 2014.

GROVE C N. Worldwide differences in business values and practices: Overview of GLOBE research findings[J]. GroveWell LLC. Global leadership solutions, 2005.

HEMPEL P S. Designing multinational benefits programs: The role of national culture[J]. Journal of World Business, 1998, 33(3): 277-294.

HERSKOVITS M J. Cultural anthropology[J]. New York: Knopf. 1955.

HOFSTEDE G. Culture and organizations [J]. International studies of management & organization, 1980, 10(4): 15-41.

HOFSTEDE G, NEUIJEN B, OHAYY D D, et al. Measuring organizational cultures: A qualitative and quantitative study across twenty cases[J]. Administrative science quarterly, 1990: 286-316.

HOFSTEDE G. Empirical models of cultural differences[J]. 1991.

HOFSTEDE G. The business of international business is culture[J]. International business review, 1994, 3(1): 1-14.

HOFSTEDE G. Culture's consequences: Comparing values, behaviors, institutions and organizations across nations[M]. Thousand Oaks:sage, 2001.

HOUSE R, JAVIDAN M, HANGES P, et al. Understanding cultures and implicit leadership theories across the globe: an introduction to project GLOBE[J]. Journal of world business, 2002, 37(1): 3-10.

HOUSE, R. J., HANGES, P. J., JAVIDAN, M.,et al.Culture, leadership, and organizations: The GLOBE study of 62 societies[M]. Sage publications, 2004.

HAMPDEN-TURNER C, TROMPENAARS A, GOSTYNSKA D. Siedem kultur kapitalizmu: USA, Japonia, Niemcy, Francja, Wielka Brytania, Szwecja, Holandia [J]. (No Title), 1998.

IERODIAKONOU C, STAVROU E. Flexitime and employee turnover: the polycontextuality of regulation as cross-national institutional contingency[J]. The International Journal of Human Resource Management, 2017, 28(21): 3003-3026.

INGLEHART R, WELZEL C. Modernization, cultural change, and democracy: The human development sequence [M]. Cambridge: Cambridge university press, 2005.

KALLEBERY A L. Nonstandard employment relations: Part-time, temporary and contract work[J]. Annual review of sociology, 2000, 26(1): 341-365.

KASSINIS G I, STAVROU E T. Non-standard work arrangements and national context[J]. European Management Journal, 2013, 31(5): 464-477.

KELLY E L, MOEN P. Rethinking the clockwork of work: Why schedule control may pay off at work and at home[J]. Advances in developing human resources, 2007, 9(4): 487-506.

KILADL N, KUHNLE S. The Nordic welfare model and the idea of universalism [J]. Normative foundations of the welfare state: The Nordic experience, 2005: 13-33.

KIM M. Effects of collectivism and individualism on performance: Dynamic collectivism in Korean firms[J]. Social Behavior and Personality: an international journal, 2019, 47(7): 1-15.

KULL T J, YAN T, LIU Z, et al. The moderation of lean manufacturing effectiveness by dimensions of national culture: testing practice-culture congruence hypotheses[J]. International Journal of Production Economics, 2014, 153: 1-12.

KWANTES C T, DICKSON M W. Organizational culture in a societal context: Lessons from GLOBE and beyond[J]. The handbook of organizational culture and climate, 2011: 494-514.

KUROWSKA, A. (2020). Gendered effects of home-based work on parents' capability to balance work with non-work: Two countries with different models of division of labour compared. Social Indicators Research, 151(2), 405-425.

KWON M, CHO Y J, SONG H J. How do managerial, task, and individual factors influence flexible work arrangement participation and abandonment? [J]. Asia Pacific Journal of Human Resources, 2021, 59(4): 645-668.

LAMBERT A D, MARLER J H, GUEUTAL H G. Individual differences: Factors affecting employee utilization of flexible work arrangements[J]. Journal of Vocational Behavior, 2008, 73(1): 107-117.

LAPIERRE L M, ALLEN T D. Work-supportive family, family-supportive supervision, use of organizational benefits, and problem-focused coping: implications for work-family conflict and employee well-being[J]. Journal of occupational health psychology, 2006, 11(2): 169.

LAPIERRE L M, SPECTOR P E, ALLEN T D, et al. Family-supportive organization perceptions, multiple dimensions of work-family conflict, and employee satisfaction: A test of model across five samples[J]. Journal of Vocational Behavior, 2008, 73(1): 92-106.

LEVITT B, MARCH J G. Organizational learning [J]. Annual review of sociology, 1988, 14(1): 319-338.

LEWIS S, DEN DULK L. Parents' experiences of flexible work arrangements in changing European workplaces: A multi-layer contextual approach[J]. Sociological Problems, 2008: 5-28.

LEWIS J, KNIJN T, MARTIN C, et al. Patterns of development in work/family reconciliation policies for parents in France, Germany, the Netherlands, and the UK in the 2000s[J]. Social Politics, 2008, 15(3): 261-286.

LEWIS R A. Work-life balance in hospitality: Experiences from a Geneva-based hotel[J]. International Journal of Management & Information Systems (IJMIS), 2010, 14(5).

LOOT Y. Does flexibility help employees switch off from work? Flexible working-time arrangements and cognitive work-to-home spillover for women and men in Germany[J]. Social Indicators Research, 2020, 151(2): 471-494.

LUTHANS F, WELSH D H B, ROSENKRANTZ S A. What do Russian managers really do? An observational study with comparisons to US managers[J]. Journal of International Business Studies, 1993, 24: 741-761.

LINEHAN M, SCULLION H. The development of female global managers: The role of mentoring and networking[J]. Journal of business ethics, 2008, 83: 29-40.

LYNN R, MEISENBERH G. National IQs calculated and validated for 108 nations[J]. Intelligence, 2010, 38(4): 353-360.

MASUDA A D, POELMANS S A Y, ALLEN T D, et al. Flexible work arrangements availability and their relationship with work-to-family conflict, job satisfaction, and turnover intentions: A comparison of three country clusters[J]. Applied psychology, 2012, 61(1): 1-29.

MARSH K, MUUSON G. Men at work and at home: Managing emotion in telework[J]. Gender, Work & Organization, 2008, 15(1): 31-48.

MUSSON G, TIETZE S. International perspectives on flexibility: Overview and introduction[J]. British Journal of Management, 2009, 20: S132-S135.

MOEN P. A life course perspective on retirement, gender, and well-being[J]. Journal of occupational health psychology, 1996, 1(2): 131.

MASELAND R K J, VAN HOORN A A J. Measuring values for cross-cultural research[J]. 2009.

MARCUS J, LE H. Interactive effects of levels of individualism-collectivism on cooperation: A meta-analysis[J]. Journal of Organizational Behavior, 2013, 34(6): 813-834.

MALINOWSKI B, REDFIELD R. Magic, science and religion and other essays: Selected, and with an introduction by Robert Redfield[M]. 1948.

MCNALL L A, NICKLIN J M, MASUDA A D. A meta-analytic review of the consequences associated with work-family enrichment[J]. Journal of Business and Psychology, 2010, 25: 381-396.

MOEN P. A life course perspective on retirement, gender, and well-being[J]. Journal of occupational health psychology, 1996, 1(2): 131.

MILNER S. 'Choice' and 'flexibility' in reconciling work and family: towards a convergence in policy discourse on work and family in France and the UK? [J]. Policy & Politics, 2010, 38(1).

MUTARI E, FIGART D M. Europe at a crossroads: Harmonization, liberalization, and the gender of work time[J]. Social Politics: International Studies in Gender, State & Society, 2001, 8(1): 36-64.

MUSSON G, TIETZE S. International perspectives on flexibility: Overview and introduction[J]. British Journal of Management, 2009, 20: S132-S135.

NEWMAN K L, NOLLEN S D. Culture and congruence: The fit between management practices and national culture[J]. Journal of international business studies, 1996, 27: 753-779.

NG T W H, FELDMAN D C. Embeddedness and well-being in the United States and Singapore: The mediating effects of work-to-family and family-to-work conflict

[J]. Journal of Occupational Health Psychology, 2014, 19(3): 360.

OLLIER-MALATERRE A, Foucreault A. Cross-national work-life research: Cultural and structural impacts for individuals and organizations[J]. Journal of Management, 2017, 43(1): 111-136.

OLLO-LOPEZ A, BAYO-MORIONES A, LARRAZA-KINTANA M. The impact of country-level factors on the use of new work practices[J]. Journal of World Business, 2011, 46(3): 394-403.

POWELL A, CRAIG L. Gender differences in working at home and time use patterns: Evidence from Australia[J]. Work, employment and society, 2015, 29(4): 571-589.

PERETZ H, ROSENBLATT Z. The role of societal cultural practices in organizational investment in training: A comparative study in 21 countries[J]. Journal of Cross-Cultural Psychology, 2011, 42(5): 817-831.

PERETZ H, FRIED Y, LEVI A. Flexible work arrangements, national culture, organisational characteristics, and organisational outcomes: A study across 21 countries[J]. Human Resource Management Journal, 2018, 28(1): 182-200.

PFEFFER J, VEIGA J F. Putting people first for organizational success[J]. Academy of management perspectives, 1999, 13(2): 37-48.

RAGHURAM S, LONDON M, LARSEN H H. Flexible employment practices in Europe: country versus culture[J]. International Journal of Human Resource Management, 2001, 12(5): 738-753.

RAMMANORTHY N, CARROLL S J. Individualism/collectivism orientations and reactions toward alternative human resource management practices[J]. Human relations, 1998, 51(5): 571-588.

REDFIELD R. The art of social science[J]. American Journal of Sociology, 1948, 54(3): 181-190.

REALO A, ALLIK J, GREENFIELD B. Radius of trust: Social capital in relation to familism and institutional collectivism[J]. Journal of Cross-Cultural Psychology, 2008, 39(4): 447-462.

RICHMAN A L, CIVIAN J T, SHANNON L L, et al. The relationship of perceived flexibility, supportive work-life policies, and use of formal flexible arrangements and occasional flexibility to employee engagement and expected retention[J]. Community, work and family, 2008, 11(2): 183-197.

ROGERS A, SPITZMUELLER C. Individualism-collectivism and the role of goal orientation in organizational training[J]. International Journal of Training and Development, 2009, 13(3): 185-201.

ROKEACH M. The nature of human values[M]. Free press, 1973.

RYAN A M, KOSSEK E E. Work-life policy implementation: Breaking down or creating barriers to inclusiveness? [J]. Human Resource Management: Published in Cooperation with the School of Business Administration, The University of Michigan and in alliance with the Society of Human Resources Management, 2008, 47(2): 295-310.

SCHWARTZ S H. Beyond individualism/collectivism: New cultural dimensions of values[J]. 1994.

SCHWARTZ S H. A theory of cultural values and some implications for work[J]. Applied psychology, 1999, 48(1): 23-47.

SCHWARTZ S H, BOEHNKE K. Evaluating the structure of human values with confirmatory factor analysis[J]. Journal of research in personality, 2004, 38(3): 230-255.

SCHWARTZ S H. Values and culture[M]//Motivation and culture. Routledge, 2014: 69-84.

SCHWARTZ S H, BOEHNKE K. Evaluating the structure of human values with confirmatory factor analysis[J]. Journal of research in personality, 2004, 38(3): 230-255.

SCHWARTZ S H, RUBEL T. Sex differences in value priorities: cross-cultural and multimethod studies[J]. Journal of personality and social psychology, 2005, 89(6): 1010.

SCHULER R S, ROGOVSKY N. Understanding compensation practice variations across firms: The impact of national culture[J]. Journal of international business studies, 1998, 29: 159-177.

SMITHSON J, STOKOE E H. Discourses of work-life balance: negotiating "genderblind" terms in organizations[J]. Gender, Work & Organization, 2005, 12(2): 147-168.

STAVROU E T. Flexible work bundles and organizational competitiveness: A cross-national study of the European work context[J]. Journal of Organizational Behavior: The International Journal of Industrial, Occupational and Organizational Psychology and Behavior, 2005, 26(8): 923-947.

STAVROU E, KILANIOTIS C. Flexible work and turnover: An empirical investigation across cultures[J]. British Journal of Management, 2010, 21(2): 541-554.

STAVROU E T, PARRY E, ANDERSON D. Nonstandard work arrangements and configurations of firm and societal systems[J]. The International Journal of Human Resource Management, 2015, 26(19): 2412-2433.

STOCK R M, STRECKER M M, BIELING G I. Organizational work-family support as universal remedy? A cross-cultural comparison of China, India and the USA[J]. The International Journal of Human Resource Management, 2016, 27(11): 1192-1216.

STEEL P, TARAS V. Culture as a consequence: A multi-level multivariate meta-analysis of the effects of individual and country characteristics on work-related cultural values[J]. Journal of International Management, 2010, 16(3): 211-233.

SULLIVAN C, LEWIS S. Home-based telework, gender, and the synchronization of work and family: perspectives of teleworkers and their co-residents[J]. Gender,

Work & Organization, 2001, 8(2): 123-145.

SIBLEY C G, DUCKITT J. Personality and prejudice: A meta-analysis and theoretical review[J]. Personality and Social Psychology Review, 2008, 12(3): 248-279.

SHAGVALIYEVA S, YAZDANIFARD R. Impact of flexible working hours on work-life balance[J]. American Journal of Industrial and Business Management, 2014, 2014.

SPURK D, STRAUB C. Flexible employment relationships and careers in times of the COVID-19 pandemic[J]. Journal of vocational behavior, 2020, 119: 103435.

SPREITZER G M, CAMERON L, GARRETT L. Alternative work arrangements: Two images of the new world of work[J]. Annual Review of Organizational Psychology and Organizational Behavior, 2017, 4: 473-499.

TYLOR E. B.PRIMITIVE Culture[J].New York: J.P. Putnam's Sons,1920.

TIETZE S, MUSSON G, SCURRY T. Homebased work: a review of research into themes, directions and implications[J]. Personnel Review, 2009, 38(6): 585-604.

TRIANDIS H C. Cross-cultural industrial and organizational psychology[J]. 1994.

TRIANDIS H C. A theoretical framework for the study of diversity[J]. 1995.

TRIANDIS H C. The psychological measurement of cultural syndromes[J]. American psychologist, 1996, 51(4): 407.

TRIANDIS H C, CHEN X P, CHAN D K S. Scenarios for the measurement of collectivism and individualism[J]. Journal of cross-cultural psychology, 1998, 29(2): 275-289.

TRIANDIS H C, BONTEMPO R, VILLAREAL M J, et al. Individualism and collectivism: Cross-cultural perspectives on self-in group relationships[J]. Journal of personality and Social Psychology, 1988, 54(2): 323.

TRIANDIS H C. Individualism-collectivism and personality[J]. Journal of personality, 2001, 69(6): 907-924.

TRIANDIS H C, SUH E M. Cultural influences on personality[J]. Annual review of psychology, 2002, 53(1): 133-160.

TRIANDIS H C. Cultural intelligence in organizations[J]. Group & Organization Management, 2006, 31(1): 20-26.

TRIANDIS S, CHANFREAU J, PERRY J, et al. The fourth work-life balance employee survey[J]. London: Department for Business Innovation and Skills, 2012.

TIMMS C, BROUGH P, O'DRISCOLL M, et al. Flexible work arrangements, work engagement, turnover intentions and psychological health[J]. Asia Pacific Journal of Human Resources, 2015, 53(1): 83-103.

THOMSON P. The business benefits of flexible working[J]. Strategic HR Review, 2008, 7(2): 17-22.

TREGASKIS O, BREWSTER C. Converging or diverging? A comparative analysis of trends in contingent employment practice in Europe over a decade[J]. Journal of International Business Studies, 2006, 37: 111-126.

WAGNER III J A, HUMPHREY S E, MEYER C J, et al. Individualism-collectivism and team member performance: Another look[J]. Journal of Organizational Behavior, 2012, 33(7): 946-963.

WAYNE J H, RANDEL A E, STEVENS J. The role of identity and work-family support in work-family enrichment and its work-related consequences[J]. Journal of vocational behavior, 2006, 69(3): 445-461.

WELZEL C, INGLEHART R. Liberalism, postmaterialism, and the growth of freedom[J]. International Review of Sociology, 2005, 15(1): 81-108.

WESTMAN M. Flexible working time arrangements and their Impact on workfamily [J]. Interface and Mental Wellbeing at Work Mental Capital and Wellbeing: Making the most of ourselves in the 21st century State-of-Science Review, 2010.

YANG S, ZHENG L. The paradox of de-coupling: A study of flexible work program and workers' productivity[J]. Social Science Research, 2011, 40(1):

299-311.

YANG N, CHEN C C, CHOI J, et al. Sources of work-family conflict: A Sino-US comparison of the effects of work and family demands[J]. Academy of Management journal, 2000, 43(1): 113-123.

YEGANEH H, SU Z, SAUERS D. The applicability of widely employed frameworks in cross-cultural management research[J]. Journal of Academic Research in Economics, 2009, 1(1): 1-24.